Festo Kivengere

Mein Leben soll sein Spiegel sein

R. BROCKHAUS VERLAG WUPPERTAL

ABCteam

Bücher, die dieses Zeichen tragen, wollen die Botschaft von Jesus Christus in unserer Zeit glaubhaft bezeugen.

Das ABCteam-Programm umfaßt:

- ABCteam-Taschenbücher
- ABCteam-Paperbacks mit den Sonderreihen: Glauben und Denken (G + D) und Werkbücher (W)
- ABCteam-Jugendbücher (J)
- ABCteam-Geschenkbände

ABCteam-Bücher erscheinen in folgenden Verlagen:
Aussaat Verlag Wuppertal / R. Brockhaus Verlag Wuppertal
Brunnen Verlag Gießen / Bundes-Verlag Witten
Christliches Verlagshaus Stuttgart / Oncken Verlag Wuppertal
Schriftenmissions-Verlag Gladbeck

ABCteam-Bücher kann jede Buchhandlung besorgen.

Titel der englischen Originalausgabe:
»Liberating Love«,
erschienen bei African Evangelistic Enterprise
Deutsch von Wolfgang Steinseifer

Umschlaggestaltung: Ralf Rudolph, Ratingen
Gesamtherstellung: Breklumer Druckerei Manfred Siegel

ISBN 3-417-12292-9

INHALT

1. Für seine Liebe gibt es keinen Grund

War das ein Schock, als ich zu Hause ankam!

In meiner Freude auf das Wiedersehen mit der Heimat hatte ich den Staub und die Schlaglöcher auf der langen Heimreise gern in Kauf genommen. Aber was mir dann begegnete, als ich mit meinem altersschwachen Lastwagen in Rukugiri, meiner Heimatstadt in Westuganda, eintraf – darauf war ich nicht vorbereitet.

Wir schrieben das Jahr 1939. Ich war neunzehn, hatte eben meine Lehrerprüfung abgelegt und kam nun nach Hause. Meine erste Stelle als Lehrer sollte ich an derselben Knabenschule antreten, in der ich selbst die Schulbank gedrückt hatte. Darauf freute ich mich. Das war zumindest ein Anfang, und ich würde Geld in der Tasche haben.

Die erste unangenehme Überraschung erlebte ich, als ich mit dem Lastwagen den Marktplatz passierte. Eine Menschenmenge hatte sich um ein paar Leute versammelt, die in aller Öffentlichkeit Kirchenlieder sangen! Da klang doch tatsächlich über Obst und Gemüse »Dort an dem Kreuz, wo mein Heiland starb . . .« herüber. So ein Fanatismus!

In der Stadt erwartete mich der Schuldirektor. Ich fühlte mich geschmeichelt. Auch ein paar meiner Verwandten hatten sich zum Empfang eingefunden. Meine Lieblingsnichte schlang ihre Arme um meinen Hals und rief: »Onkel Festo, willkommen zu Hause! Ich hab' jetzt Jesus lieb. Du auch?«

Ich knurrte etwas und wechselte das Thema. Damit wollte ich als gebildeter Mensch nichts zu tun haben. Gar nichts.

Im Laufe der nächsten Tage mußte ich feststellen, daß die Situation noch schlimmer war, als ich zunächst angenommen hatte. Junge und alte Leute waren von einem religiösen Fieber befallen und taten die verrücktesten Dinge. Manche von ihnen waren jahrelang treu zur Kirche gegangen – aber das hier war etwas ganz Neues.

An den unmöglichsten Orten sprachen sie von Jesus, und man wußte nie, wann sie in ein Lied ausbrechen würden. Das Ganze war auch noch ansteckend und verbreitete sich wie eine Seuche.

Wir »aufgeklärten« jungen Leute waren wütend. Wenn die Frommen singen wollten, dann sollten sie das in der Kirche tun und nicht draußen auf Straßen und Marktplätzen! Frauen, die Wasser schöpften, lobten lauthals Jesus – so etwas gehörte sich doch nicht!

Es konnte einem passieren, daß man einen Freund besuchen wollte und, wenn man bei ihm ankam, einen Kreis von Nachbarn antraf, die im Hof saßen, sangen und »Zeugnis ablegten«. Und wenn man dann versuchte, sich unbemerkt fortzuschleichen, riefen sie einen zurück. Als vernünftiger Mensch konnte man sich nicht einmal mehr verstecken!

Zum Glück war wenigstens der Bruder meiner Mutter, der höchste Häuptling unseres Bezirks, strikt gegen diese Dinge. Er war ein guter Häuptling und war von der britischen Regierung als der progressivste der Söhne des ehemaligen Königs, meines Großvaters, ausgewählt worden. Er war schon immer ein eifriger Befürworter der Kirche und der von britischen Missionaren gegründeten Schulen gewesen. Meine Mutter hatte mich nach dem Tod meines Vaters zu ihm geschickt, und ich hatte in seinem großen Haus gewohnt und die nahegelegene Schule besucht. Er duldete nie, daß man zu spät zum Gebet kam oder einen Gottesdienst schwänzte.

Jetzt allerdings sagte mein Onkel: »Diese neue Art von Religion ist gefährlich. Sie läßt dir kein Privatleben mehr. Dir bleibt nichts mehr für dich selbst.«

Es gab andere beunruhigende Nebenwirkungen, mit denen er sich als Häuptling auseinandersetzen mußte. »Gerettete« Frauen verhüllten nicht mehr ihr Gesicht vor den Männern, und sie redeten in aller Öffentlichkeit, als habe man sie von den alten Sitten befreit. Schlimmer noch: die traditionelle Absonderung unseres Stammes vom örtlichen Iru-Stamm wurde von diesen Extremisten einfach ignoriert. Sie aßen sogar tatsächlich zusammen und übertraten die jahrhundertealten Speisetabus. Noch auf viele andere Weisen mißachteten sie die Gefühle der verehrten Ahnen, so daß dem ganzen Land Unheil drohte. So etwas hatten die Kirchenleute noch nie getan. Sie hatten so sorgsam wie alle anderen darauf geachtet, nur ja die Geister der Ahnen nicht zu beleidigen.

Mein Onkel, der Häuptling, hatte das Gefühl, daß etwas geschehen müsse; und so sagte er seinen Gefolgsleuten, sie könnten diejenigen, die davon sprachen, daß sie »gerettet« seien, verprügeln. Manche von ihnen wurden schwer mißhandelt.

Doch die Schläge konnten sie nicht umstimmen, und zuweilen waren die Folgen das genaue Gegenteil dessen, was mein Onkel eigentlich erreichen wollte. Da verprügelte ein Gerichtsdiener einen Mann, weil er öffentlich von Jesus gesprochen hatte; doch in dieser Nacht konnte der Schläger nicht schlafen. Als der Morgen graute, war der Mann in Tränen aufgelöst und ging und schloß sich den Fanatikern an. Verzweifelt änderte mein Onkel seinen Befehl: »Schlagt sie nicht. Das ist gefährlich. Ihr könntet noch wie sie werden.«

Eines Tages verhaftete er unter irgendeinem Vorwand zwanzig der treusten Christen und schickte sie schwer bewacht zum britischen Hauptquartier, wo ihnen der Prozeß gemacht werden sollte. Uganda war damals unter britischer Herrschaft. Die Gefangenen und ihre Wächter mußten zwei Tage lang marschieren, bis sie dort ankamen. Unterwegs sangen die Gefangenen und erzählten ihren Bewachern, was Jesus für sie getan hatte.

Als sie am ersten Abend das Lager aufgeschlagen hatten und um das Lagerfeuer saßen, übergab einer der Wärter sein Leben Jesus. Als wenig später der Bezirkskommissar die Gefangenen frei ließ, zogen sie singend los und gewannen auf dem Heimweg eine ansehnliche Schar von Anhängern. Der bekehrte Wächter erstattete meinem Onkel seinen Bericht und verschwieg auch nicht, was er persönlich erlebt hatte.

Ja, mein Onkel hatte es schwer. Niemand war sicher.

Auch ich blieb nicht von Problemen verschont. Die Schule, an der ich als Lehrer angestellt war, war eine Missionsschule, und so erwartete man von mir, daß ich zur Kirche ging. Das wäre ja nicht weiter schlimm gewesen, wenn nicht fast jeder, der dort predigte oder ein kurzes Wort sagte, zu den Fanatikern gehört hätte. Was sie sagten, war stets gefährlich persönlich. Wir wurden unaufhörlich mit Gerede über das Kreuz bombardiert. Worüber diese Leute auch predigten, und wenn es ganz ungefährliche biblische Geschichten wie die Geschichte von Adam und Eva waren, immer landeten sie bei irgendwelchen unangenehmen Themen. Ich lächelte, wenn ich daran dachte, wie die beiden da im Garten Eden über Gottes Zaun gesprungen waren, um mehr Freiheit zu haben. Aber dann sprachen die Prediger auf einmal über »die Stimme Gottes, des Herrn, der im Garten ging, als der Tag kühl geworden war«. Warum sollte Gott betrübt sein und sie unbedingt in die Umzäunung zurückbringen wollen? Und warum war deshalb das Kreuz nötig? Was hatte das miteinander zu tun? Es war zum Verrücktwerden.

Sie predigten über Kain, und ich hatte volles Verständnis für ihn. Das war noch ein ganzer Kerl! »Wer will schon seines Bruders Hüter sein?« schoß es mir durch den Kopf. Seine Einsamkeit und Verbannung, das war in meinen Augen schreiende soziale Ungerechtigkeit, und ich hielt nichts von den Schlußfolgerungen, zu denen die Prediger gelangten.

Eine Gestalt, die meine volle Sympathie genoß, war der jüngere Sohn der neutestamentlichen Geschichte, der dem Sinne nach sagte:

»Vater, ich bin's leid! Ich langweile mich hier noch zu Tode! Jeden Tag dasselbe. Ich will frei sein und mich selbst verwirklichen. Ich will endlich mal ich selbst sein. Vater, ich will leben! Gib mir, was mir gehört – ich meine, was ich bekommen würde, wenn du tot wärst –, und dann haue ich hier ab.«

Ich konnte mir lebhaft vorstellen, welchen Spaß es ihm machte, in der Stadt von früh bis spät Geld für Vergnügungen mit seinen Freunden auszugeben. Aber ich zog es vor, möglichst unauffällig aus der Kirche zu flüchten, als sie zu erzählen begannen, wie das Geld und die Freunde immer weniger wurden und wie der Vater auf ihn wartete.

Ich wußte nur zu gut, was es hieß, als zorniger junger Mann erschöpft und einsam zu sein und das Leben immer schwieriger und verwirrender zu finden. Von diesem Jesus, von dem sie erzählten, rannte ich so weit weg, wie ich nur konnte, entschlossen, mich nie zu ergeben – weder ihm noch sonst einem.

Ich war ein Agnostiker, der gar nicht daran interessiert war, zu beweisen, ob es einen Gott gebe oder nicht. Früher einmal hatte ich mit diesen »geretteten« Leuten gemeinsame Sache gemacht – früher, als Junge im Internat in Kabale. Ich hatte ein paar Mal meinen Glauben bekannt, als andere das auch taten, und es gab mir eine Zeitlang ein ganz gutes Gefühl. Aber als sie mir dann sagten, daß Gott etwas von mir erwartete, was mir unangenehm war, lehnte ich mich dagegen auf. Danach ließ ich Gott links liegen und behauptete schließlich, es gebe ihn gar nicht. Ich wollte frei sein. Wenn man die Wahrheit kennt und sich dagegen auflehnt, wird man seltsam hart.

Ich konnte gut nachfühlen, in welcher Klemme mein Onkel, der Häuptling, steckte. Andererseits konnte weder er noch ich behaupten, daß diese Leute nichts als leere Worte machten.

Da war zum Beispiel die Sache mit dem Vieh.

Wir waren ein Volk von Viehzüchtern. Für meinen Stamm machten Rinder das Leben erst lebenswert. Im Alter von drei Jahren kannte ich alle einhundertzwanzig Kühe, Bullen und Kälber meines Vaters mit Namen. Ich kannte Männer, denen ihr Vieh wichtiger war als ihre Kinder. So war manches von dem, was jetzt geschah, einfach unglaublich.

Eines Tages hielt zum Beispiel der Häuptling Gerichtstag, und seine Ältesten lauschten seiner Weisheit, als ein Mann vor ihn trat, der sehr bekannt war als Heide und reicher Viehzüchter. Er hatte seine Knechte mitgebracht, die acht prächtige Kühe vor sich her trieben. Alle Ältesten wandten sich um und blickten die Tiere bewundernd an.

Der Rinderbaron begrüßte alle und sagte dann: »Euer Ehren, ich bin aus einem bestimmten Grunde gekommen.«

Der Häuptling erwiderte: »Schön. Aber was willst du denn mit diesen Kühen?«

»Herr, sie sind für Euch. Ich habe sie Euch zurückgebracht.«

»Was meinst du? Wieso sind die für mich?«

»Nun, Herr, als ich Euer Vieh hütete, da stahl ich vier Rinder und sagte Euch, sie seien von Viehdieben gestohlen worden. Aus diesen vier sind nun acht geworden. Ich habe sie Euch zurückgebracht.«

»Wer hat diesen Diebstahl entdeckt?«

»Jesus, Herr. Er hat mir Frieden geschenkt und mir befohlen, sie Euch zu bringen.«

Es herrschte Totenstille. Niemand lachte. Das war ein Schock! Mein Onkel konnte sehen, daß dieser Mann Freude in seinem Herzen hatte, und er wußte: Was er getan hatte, das war für einen Angehörigen unseres Stammes eigentlich unmöglich.

»Ihr könnt mich ins Gefängnis stecken, Herr, oder mich auspeitschen lassen. Ich habe es verdient. Aber ich habe Frieden, und ich bin zum ersten Mal frei.«

»Hmm!« sagte mein Onkel. »Wenn Gott das für dich getan hat, wer bin ich, dich ins Gefängnis zu stecken? Laß die Rinder hier und geh heim.«

Als ich ein paar Tage später meinem Onkel begegnete, lachte ich: »Ich habe gehört, daß du kostenlos acht gute Kühe bekommen hast.«

»Ja, das stimmt.«

»Du bist ein Glückspilz!«

»Glückspilz? Seit der Mann gekommen ist, kann ich nicht mehr schlafen. Wenn ich den Frieden haben wollte, den er hat, müßte ich hundert Kühe zurückgeben!« Noch leistete er jedoch Widerstand, und ich auch. Doch mußten wir zugeben, daß irgendeine Macht, wie wir sie noch nie kennengelernt hatten, in unserem Stamm am Werke war; und wir versuchten, uns ein paar gute Erklärungen zurechtzulegen.

Ich begann Gott zu hassen, weil mich der Gedanke an ihn ständig plagte. Ich war auf der Flucht vor Kirchlichkeit, vor der Bibel, vor dem Klerus. Ich wollte mit dem ganzen heiligen Kram nichts zu tun haben. Ich wollte einfach mein eigener Herr sein.

Mein Leben drehte sich um sich selbst wie ein Kreisel. Ein Kreisel ist oben breit und unten schmal, deshalb kann er nur aufrecht stehen, wenn er sich unentwegt um die eigene Achse dreht. Sobald er zur Ruhe kommt, kippt er um. Er ist davon abhängig, daß er sich dreht.

Mein Kreislauf bestand aus Arbeiten – Spielen – Essen – Trinken – Schlafen – Arbeiten – Spielen – Essen – Trinken usw. Eine Umdrehung nach der anderen. Je unsinniger das Ganze wurde, desto mehr Geschwindigkeit entwickelte ich. Ich glaubte, je mehr Tempo ich vorlegte, desto lebendiger würde das Leben. Aber ich stellte fest, daß ein Leben ohne Richtung schwer zu leben ist.

Obwohl ich sie zurückdrängte, standen meine Sünden finster und bedrohlich vor mir auf. Die Schuld heftete sich wie ein Bluthund an meine Fersen. Ich war todunglücklich – jung, aber innerlich zerrissen, das Opfer eines ständigen Bürgerkriegs.

Natürlich rannte ich Hals über Kopf auf mein Verderben zu. Im Alter von neunzehn Jahren überlegte ich mir ernsthaft, mir das Leben zu nehmen. Nicht, daß ich nicht gesund gewesen wäre oder keine Arbeit gehabt hätte oder Freunde vermißt hätte; nein, was ich tat, schien mir sinnlos. Ich fühlte mich innerlich leer, und das Leben erschien mir trübe und trügerisch. Mich verfolgte ein Gefühl der Unsicherheit.

Vielleicht konnte das, was dann geschah, nur deshalb geschehen, weil ich alle Hoffnung aufgegeben hatte und mit dem Gedanken des Selbstmordes spielte. Ich fühlte mich wie ein Ertrinkender. Das erinnerte mich an meine ersten Schwimmversuche.

An dem ersten Internat, das ich besuchte, floß ein tiefer Fluß vorüber. Die meisten Jungen konnten schwimmen, ich aber hatte es nie gelernt. Ich sah ihnen zu, wie sie in den Fluß sprangen, kleine und große Jungen, wie sie lachten und ihren Spaß hatten.

Ich murmelte vor mich hin: »Manche von denen sind nicht mal so groß wie ich, und sie vergnügen sich im Fluß. Wenn die ihren Kopf über Wasser halten können, dann kann ich's bestimmt auch. Ich habe schließlich auch Arme und Beine. Ich versuch's einfach!«

So zog ich also mein Hemd aus und sprang ins Wasser.

Ich brauche nicht groß zu erzählen, was dann geschah. Ich versank wie ein Stein. Ich strampelte wie wild mit Armen und Beinen. Ich kam nach oben, ging wieder unter, kam wieder hoch und schluckte dabei eine Menge Wasser.

Wie Jungen nun einmal sind, standen die andern am Ufer, klatschten und lachten und amüsierten sich köstlich über den Neuen, der da versank. Sie unternahmen überhaupt nichts, solange ich strampelte, sondern sahen untätig zu, bis ich mit meiner Kraft zu Ende war. Dann sprang ein großer Junge ins Wasser und schwamm auf mich zu. Als er mich erreichte, war ich total hilflos. Nun war ich soweit, daß man mich retten konnte. Der Junge streckte den Arm aus, packte mich und schwamm mit mir zum Ufer.

Vielleicht sah der, vor dem ich so schnell davonrannte, daß ich nun auch soweit war, daß er mich retten konnte, und arrangierte für einen bestimmten Tag ein Treffen. Auch sorgte er dafür, daß einige Leute für mich beteten.

Meine zwölfjährige Schwester und meine vierzehnjährige Nichte wohnten bei mir und gingen zur Mädchenschule. Sie waren betrübt darüber, daß ich ein »verlorener« Lehrer war, und zuweilen hörte ich, wie sie für mich beteten. Und ich machte es ihnen nicht gerade leicht, denn ich war leichtsinnig und eingebildet.

Als ich eines Sonntags morgens zur Kirche ging, ging es besonders »feurig« zu. Nach dem ersten Lied legten junge Leute ihr Zeugnis ab, und Menschen wurden bekehrt, noch bevor die eigentliche Predigt begonnen hatte. Wie gewöhnlich saß ich ganz hinten in der Nähe des Ausgangs, um mich schnell verdrücken zu können, wenn es im Verlauf des Gottesdienstes noch heißer werden sollte.

Und wer bittet dann, auch etwas sagen zu dürfen? Ausgerechnet meine Nichte!

Sie sagte: »Ich möchte, daß ihr Gott preist. Der Teufel hat mir Angst davor gemacht, euch zu erzählen, was der Herr für uns getan hat. Am Freitag abend hat der Herr uns die Gewißheit geschenkt, daß unsere Gebete für Festo erhört werden. Und Festo sitzt da hinten in der Ecke, und wir wissen, daß er heute noch zum Herrn zurückkehren wird.«

Ich stand auf und stürmte wutentbrannt ins Freie. Im Hause meines Onkels betrank ich mich und überlegte mir, was ich mit diesem Mädchen anstellen sollte, das die Frechheit besessen hatte, so in aller Öffentlichkeit über mich zu sprechen.

Am Spätnachmittag wuchtete ich mich auf mein Fahrrad und fuhr etwas unsicher nach Hause; da kam mir auf der staubigen Straße ein guter Freund auf dem Fahrrad entgegen. Er hatte einen Gesichtsausdruck, als habe er eben zu fliegen gelernt. Er war Lehrer wie ich, und ich wußte sehr gut, daß er normalerweise nicht so strahlte. Ich war überrascht.

Mein Freund bremste, als er bei mir angekommen war, und rief atemlos: »Festo! Vor drei Stunden ist Jesus für mich zu einer lebendigen Wirklichkeit geworden. Ich weiß, daß meine Sünden vergeben sind!«

Nie zuvor hatte er mit irgendwelcher Begeisterung von Jesus gesprochen. Dann sagte er ganz ernst: »Bitte, mein Freund, vergib mir . . .«, und er nannte drei konkrete Dinge, die ich ihm vergeben sollte, Dinge, die mit einigen fragwürdigen Abenteuern zusammenhingen, die wir gemeinsam erlebt hatten. »Tut mir leid, Festo. Ich will so nicht mehr leben. Jesus hat mir etwas viel Besseres gegeben. Mach's gut!«

Fröhlich pfeifend fuhr er davon, und ich stand da mit offenem Mund mitten auf der Straße. Wenn er wenigstens geblieben wäre, damit ich mit ihm diskutieren konnte . . . Aber er hatte mich einfach stehen lassen.

Seine Freude überwältigte mich. Seine Worte und die Art, in der er sie gesagt hatte, trafen mich tief. Ich fühlte mich wie ein Schatten, hatte ich doch in meinem Freund die Wirklichkeit gesehen, die mir fehlte. Verzweifelt und innerlich leer fuhr ich nach Hause.

In meinem Zimmer angekommen, kniete ich vor meinem Bett nieder und rang nach Worten an den, an den ich nicht mehr glaubte. Schließlich rief ich: »Gott! Wenn es dich zufällig geben sollte, wie mein Freund behauptet, dann siehst du, wie verzweifelt ich bin. Wenn du etwas für mich tun kannst, dann tu es bitte jetzt. Wenn ich nicht zu weit gegangen bin, dann hilf!«

Und dann geschah etwas in diesem Raum. Der Himmel öffnete sich, und Jesus stand vor mir. Er war da, ganz real und für mich gekreuzigt. Sein zerschlagener Körper hing am Kreuz, und plötzlich wußte ich, daß es meine Schuld war, die dem König des Lebens dies angetan hatte. Es packte mich. Ich brach in Tränen aus und war überzeugt, daß ich auf dem Weg zur Hölle war. Hätte er gesagt: »Geh!«, ich hätte mich nicht beklagt. Irgendwie hatte ich das Gefühl, er müsse mich doch einfach wegschicken, als all die Schande meines Lebens zum Vorschein kam.

Aber dann sah ich, wie er mich mit unendlicher Liebe anblickte. War er es, der da sagte: »So sehr liebe ich dich, Festo«? Konnte das sein?

Ich schüttelte den Kopf. Es war unmöglich. Ich sagte: »Nein, ich bin dein Feind. Ich bin rebellisch. Ich habe deine Leute gehaßt. Wie kannst du mich so lieben?«

Bis heute kenne ich die Antwort auf diese Frage nicht. Für seine Liebe zu mir gibt es keinen Grund.

Aber an jenem Tag fand ich mich in den Armen des Vaters wieder. Ich war zerlumpt und hatte Angst, wie der jüngere Sohn, der in die Fremde zog und dort ans Ende seiner Möglichkeiten kam. Aber *warum* sollte der Vater, der heilig ist, *mir* entgegenlaufen und *mich* an sein Herz drücken? Ich war schmutzig und verzweifelt und hatte eine Menge gegen ihn gesagt und getan.

Diese Liebe war völlig unerwartet, aber sie erfüllte den ganzen Raum und überwältigte mich. Er ist der einzige, der den liebt, den man einfach nicht lieben kann, und den umarmt, den niemand umarmen mag. Wie ich auch war, ich wußte, daß ich angenommen war, ein Sohn des Vaters; und alles, was Jesus am Kreuz tat, das tat er für mich.

Seit jenem Tag ist das Kreuz der Mittelpunkt meines Denkens und der Herr Jesus der, der es mir ermöglicht, in seiner Nähe zu leben. Ich möchte Ihnen etwas davon erzählen, was er für mich tut und was er für Sie tun wird in seiner Kreuzesliebe.

2. Geliebt zur Freude

An jenem Nachmittag, an dem ich Jesus Christus begegnete, wurde ich von der (wie ich heute weiß) Erfüllung mit dem Heiligen Geist völlig überrascht. Er kam und setzte den auferstandenen König auf seinen Thron in meinem Herzen. Er erfüllte mich mit der Liebe Gottes und mit überströmender Freude. Ich begann, dort in meinem Zimmer zu hüpfen und zu jubeln.

Es war niemand in der Nähe, ich mußte aber einfach einem davon erzählen, und so stürzte ich auf die Straße und begrüßte den ersten, der mir über den Weg lief, mit dem Ruf: »Jesus ist zu mir gekommen! Ich habe Vergebung erfahren!«

Dieser erste war eine christliche Frau, die zu meiner Kirche gehörte; aber vielleicht meinte sie, ich spotte wieder einmal, wie gewöhnlich, denn sie ging kopfschüttelnd weiter.

Ich mußte jemand anders finden, so lief ich zur Kirche. Viele Gotteskinder waren immer noch da. Sie waren schon seit dem Morgengottesdienst in der Kirche, weil an diesem Tag einer nach dem anderen Jesus gefunden hatte. Das war damals in Uganda nicht ungewöhnlich. Als ich hereinstürmte, erzählte ich ihnen aufgeregt meine Neuigkeit, und sie schlossen mich in die Arme, sangen und freuten sich. Manche lachten und andere weinten vor Freude. Einer nach dem anderen umarmte mich und sagte mir ein paar aufmunternde Worte. Andere vollführten eine Art Freudentanz um mich. Ein großer, kräftiger Mann nahm mich auf seine Schultern und ging mit mir umher, wohl ohne sich darüber klar zu sein, daß er wie der Hirte handelte, der sagte: »Freut euch mit mir; denn ich habe mein Schaf wiedergefunden, das verloren war« (Lukas 15,4–6). Meine kleine Schwester und meine Nichte waren auch da, und ich mußte sie einfach liebhaben. Sie hatten mich erwartet.

Besonders schön war es, daß ich von den Heiligen aller verschiedenen Stämme gleichermaßen willkommen geheißen wurde, und ich selbst hatte den Menschen anderer Stämme gegenüber ein völlig anderes Gefühl, als ich es je gehabt hatte. Ich wußte, daß wir alle eins waren, und es war wunderbar. Das Kreuz, das sie gerettet hatte, hatte mich gerettet – und die Stammesschranken waren verschwunden.

Als wir schließlich alle Platz nahmen, ließ ich meinen Tränen freien Lauf, und so las einer der Brüder aus dem Neuen Testament die Geschichte der sündigen Frau, die zu Jesu Füßen geweint hatte (Lukas 7,36–50). Ich konnte mir diese Frau nach der Begegnung mit Jesus im Haus des Pharisäers Simon lebhaft vorstellen. Sie muß aus dem Haus gerannt sein und allen, denen sie begegnete, von Jesu Vergebung erzählt haben. Ganz gewiß wurde sie auch von Maria Magdalena umarmt und von den anderen, die Vergebung empfangen hatten. Ich höre richtig, wie sie ihnen alles erzählte:

»So lange war ich traurig und einsam, und immer wieder hörte ich von Jesus von Nazareth. Als ich ihn deshalb heute in das Haus dieses Pharisäers gehen sah, folgte ich ihm einfach. Ich wußte, daß Simon selbstgerecht und hart ist, aber ich mußte unbedingt zu Jesus, und nichts konnte mich zurückhalten.

Jesus hatte sich am Tisch niedergelassen«, fuhr sie vielleicht fort, »und sie waren nicht einmal so anständig gewesen, ihm die Füße zu waschen. Ich weiß das, weil ich mich an sie klammerte, während die Tränen nur so aus mir herausbrachen. Ich konnte sie nicht zurückhalten, weil die Last meines Lebens so groß war. Ich haßte mich selbst und das Leben, das ich geführt hatte, und Jesus war so ganz anders als irgendein Mensch, den ich je zuvor kennengelernt hatte.

Als er sich mir zuwandte und mich anblickte, wußte ich, daß er mich verstand. In seinen Augen stand nichts als vergebende Liebe, die mich mit Licht und Wärme erfüllte. Mein Herz begann wie wild zu pochen, weil etwas Wunderbares geschah. Niemand will etwas mit mir zu tun haben, aber er nahm mich an! Ich fühlte mich wie neu geboren und ganz rein.

Immer noch strömten meine Tränen, und ich küßte seine Füße und wischte sie mit meinem Haar ab. Ich goß mein kosmetisches Öl darüber aus. Ihr könnt euch vorstellen, wie kalt Simon aussah – seine Augen waren wie Dolche. Er murmelte seinen Freunden häßliche Dinge über den Meister zu. Aber Jesus war bereit, sich um meinetwillen beschuldigen und mißverstehen zu lassen. Stellt euch das bloß vor! Er sagte mir wörtlich: ›Dir sind deine Sünden vergeben. Dein Glaube hat dir geholfen; geh hin mit Frieden!‹«

Ich fühlte mich ganz ähnlich und versuchte, das auszudrücken. An diesem Sonntag abend saßen meine neuen Brüder und Schwestern um mich herum, hörten mich an, sprachen mir Mut zu und lasen mir aus der Bibel vor. Jedes Wort war frisch und lebendig, als hätte ich es nie zuvor gehört. Immer und immer wieder sangen wir den Chorus:

»Ja, ich bin gewaschen
in dem Blut,
in dem reinigenden Blut
des Lammes!«

Des Lammes! Das war's. Plötzlich begriff ich die alttestamentliche Geschichte, die ich in der Schule gelesen hatte. Ich sah den Israeliten vor mir, der wußte, daß er Gottes Gebot übertreten hatte, und nun mit einem Lamm in seinen Armen auf die Stiftshütte in der Wüste Sinai zustapfte. Weiße, fehlerlose Lämmer waren mir ein Begriff, hatte ich doch mit ihnen gespielt, als ich meines Vaters Kälber und Schafe hütete.

Dieser Mann, der schon von seinem eigenen Herzen verurteilt wurde, hätte es niemals gewagt, vor Gott zu treten, wenn er nicht dieses Lamm bei sich gehabt hätte, das Gott für den Schuldigen vorgesehen hatte. Ich konnte mir das vorstellen, wie er es dem Priester übergab und ihm dann vorsichtig die Hand auf den Kopf legte (3. Mose 4,32–35).

Er sieht zu, wie das Blut des Lammes vergossen wird, und weiß, daß Gott ihm den Tod des Lammes gnädig als seinen eigenen Tod anrechnet. Wenn das geschehen ist, spricht der Priester dem Mann Gottes Vergebung zu, und der Friede kehrt in sein Herz ein.

»Ich lege meine Sünden auf Jesus, das fehlerlose Lamm Gottes«, sangen meine neuen Brüder und Schwestern. Ja, das Lamm war Jesus. Welch ein teures Opfer! Wie konnte der Vater bereit sein, seinen geliebten Sohn loszulassen, damit er das Lamm für mein Sündopfer werden könnte? Aber er tat es. Und Jesus, der da am Kreuz hing, blickte mir in die Augen und sagte: »Dieser mein Tod wird dir als dein Tod angerechnet. Nun darfst du Frieden haben.«

Dieser neue Friede von Gott wurde mir durch meine Brüder und Schwestern, die mich vorbehaltlos annahmen als einen, dem vergeben war, zur unumstößlichen Gewißheit. Sie taten für mich, was der Priester am Eingang der Stiftshütte für den Mann mit dem Lamm getan hatte: Sie gaben mir die Gewißheit, daß ich nun Gemeinschaft mit Gott hatte.

Ein Mitglied von Gottes Familie nach dem anderen erzählte mir, wie Jesus ihm oder ihr begegnet war, und ich war erstaunt, wie unterschiedlich diese Begegnungen verlaufen waren. Aber immer war es die Liebe, die da zur Rettung herbeieilte, die Leere füllte, die Einsamkeit aufhob, den Schmutz abwusch.

Später am Abend begleiteten mich einige aus der Gemeinde nach Hause und erfüllten meine Wohnung mit ihrem Gesang. Irgend jemand brachte etwas zu essen, aber besser noch war die geistliche Nahrung des Gesprächs, in dem sie mir erzählten, was Jesus für sie tat.

Sie blieben noch lange, und ich glaube es war, während sie beteten, daß meine Gedanken abschweiften und mich Zweifel überwältigten, während ich mit geschlossenen Augen dasaß.

Ich schien im Gerichtssaal vor einem strengen Richter zu stehen, und ich fürchtete mich. Von allen Seiten drangen beschuldigende Stimmen auf mich ein. Mein eigenes Gewissen war der Staatsanwalt, der mich unablässig anklagte. Die Anklagen waren wie Schuldscheine, die mir zur Bezahlung präsentiert wurden. Zeugen starrten mich vorwurfsvoll an – ich kannte die Gesichter.

»Hier warst du nicht aufrichtig«, schrie der Staatsanwalt. Ich senkte den Blick zu Boden.

»Da hast du gemein gehandelt.«

»Hmm.«

»Da hast du moralisch gefehlt.«

Ich wußte nicht, wohin ich blicken sollte. Es ging immer weiter.

Wer kauft, muß auch zahlen. Wer sündigt, der muß die Konsequenzen tragen. Das sagte mir mein Herz. Auch das Gesetz hielt mir das vor. Ich tat so, als hätte ich einige der Anschuldigungen vergessen, aber das stimmte nicht; und selbst die Dinge in meinem Leben, auf die ich stolz war, halfen mir hier nicht.

Ich stand völlig bankrott vor dem Gericht. Ich wußte, ich war zahlungsunfähig. Auf meinem moralischen Bankkonto war auch nicht ein Pfennig. Ich war verdammt.

Doch dann, o Wunder!

Gott selbst trat in den Gerichtssaal. Entschlossen, ohne zu zögern nahm er all das, was mein Menschsein zerstört hatte, all die häßlichen Erfahrungen meines sündigen Lebens, all meine angehäufte Schuld, alle Anklagen gegen mich – und legte sie seinem Gott-Menschen auf. Jesus übernahm freiwillig die Verantwortung für all das, was ich schuldete.

Mit einem Mal löste sich der Druck, und die Freude kam wieder.

Als ich die Augen öffnete, sah ich, daß meine neue Familie, die noch im Zimmer saß, immer noch betete und Gott pries. Ich konnte ihnen von dem Gerichtssaal erzählen und von meinem Freispruch.

Sie nickten und sagten: »Ja, da haben wir auch einmal gestanden. Seine Liebe hat dich getrieben, dich einmal zu sehen, wie er dich sieht, und unter dem gerechten Verdammungsurteil des Himmels zu stehen. Nun weißt du, was Jesus freiwillig auf sich genommen hat – alles für dich.

Sein Geschenk für dich«, fuhren sie fort, »ist die Kraft, zu tun, was er erwartet: Buße und Glauben. Die Vergebung ist schon vollbracht, und so spürst du sie sofort, ohne jede Verzögerung. ›So gibt es nun kein Verdammungsurteil für die, die in Christus Jesus sind‹ (Römer 8,1).«

Wunderbar! Wissen Sie, wie das ist, wenn einem das »kein Verdammungsurteil« wie eine Glocke im Herzen klingt? Können Sie das mit beiden Händen, mit beiden Füßen akzeptieren? Lassen Sie mich das erklären.

Als ich zum ersten Mal in London war, fuhr ich mit der Untergrundbahn. Als der Zug anhielt und ich mit meinen Koffern auf den Bahnsteig hinausgetreten war, stellte ich fest, daß das »Ausgang«-Schild nur zu einer Treppe hinwies, die sich bewegte, eine Rolltreppe. So etwas hatte ich noch nie gesehen, und ich hatte Angst.

Eine Zeitlang sah ich zu, wie andere Leute auf die Stufen traten und sich hinauftragen ließen. Schließlich wurde der Zwang, endlich hier hinaufzukommen, größer als meine Furcht vor der unheimlichen Treppe. Vorsichtig, meine Koffer fest umklammert, setzte ich einen Fuß auf die erste Stufe.

Nun lief die Maschine ja automatisch, und so wartete sie nicht, bis ich mehr Mut bekommen würde. Sie nahm dieses eine Bein mit nach oben, und ich fiel nach hinten! Zwei Engländer, die sich unmittelbar hinter mir befanden, sahen, daß ich hier fremd war und Schwierigkeiten hatte, und sie übten »sanften Druck« auf mich aus. Entschlossen, aber ohne mich zu beschämen, beförderten sie mich mit beiden Füßen und beiden Koffern auf die Treppe.

Welch eine Veränderung! Plötzlich – es war nicht zu fassen – brauchte ich mich um nichts mehr zu kümmern, nicht einmal mehr um das Tragen der Koffer. Die Treppe brachte mich und meine Koffer bis nach oben!

Vergebung anzunehmen, das bedeutet, sich mit *beiden* Füßen darauf zu stellen, was Gott in Christus für dich getan hat. Ich tat das, und Gottes Familie sah mir dabei zu.

Die Brüder blieben die ganze Nacht in meinem Haus, sangen leise und beteten.

Niemand bedrängte mich oder machte auch nur eine Andeutung, aber aufgrund eines inneren Dranges zog ich meine Zigaretten heraus und warf sie weg. Wir sangen: »Ehre sei seinem Namen!«

Sie lobten weiter Gott, und ich holte aus Kisten und Kästen weitere Dinge, mit denen ich in meinem neuen Leben nichts mehr zu tun haben wollte. Es war wie ein Hausputz, begleitet von Gesang.

Schließlich überredeten sie mich, zu Bett zu gehen. Ich gab nach und schlief wie ein Baby – was damals für mich ganz ungewöhnlich war.

Am Morgen gingen wir alle zur Arbeit.

Abends kamen sie wieder, um bei mir zu bleiben, zu singen, zu beten und in der Bibel zu lesen, nach der ich nun großes Verlangen hatte.

»Warum machst du das?« fragte ich einen der Brüder. »Warum hast du mich so lieb?«

»Weil Jesus mich zuerst geliebt hat«, antwortete er.

Drei Tage lang war mein Haus wie der Himmel. So durchbrachen sie die Einsamkeit des Mannes, der weit weg gewesen war. So kam die Liebe von Golgatha in ihrer ersten Springflut zu mir, von Jesus Christus und von seinen Brüdern und Schwestern, die mich in sein freudiges Reich hineinliebten.

3. Liebe versöhnt

Als in unserer Stadt die Christen von der Macht des auferstandenen Herrn befreit wurden, da wurden alle möglichen Leute durch die Begegnung mit ihnen in Erstaunen versetzt.

Nehmen Sie zum Beispiel den muslimischen Geschäftsinhaber. Eines Tages kommt ein Kunde in seinen Laden und sagt: »Hier, diese zweihundert Schilling gehören Ihnen. Ich habe Sie um diese Summe betrogen, und Sie haben's nicht gemerkt.« Er erklärt, wie er es angestellt hat.

»Na schön! Aber warum bringen Sie mir jetzt das Geld zurück?«

»Jesus hat mein Leben verändert und mir befohlen, meine Schuld bei Ihnen zu begleichen. Mit Ihren zweihundert Schillingen in der Tasche habe ich mich arm gefühlt, aber nun, nachdem Sie die wieder haben, bin ich ein reicher Mann. Bitte vergeben Sie mir.«

Das war damals eine Menge Geld, und so stand der Geschäftsinhaber noch lange mit offenem Mund da, nachdem der Mann ihn verlassen hatte.

Manchen britischen Beamten standen die Haare zu Berge. Zuweilen standen so viele Leute vor ihrem Büro Schlange, um etwas zurückzubringen oder für etwas zu bezahlen, daß der Bezirkskommissar sich beklagte, er komme kaum dazu, seine Arbeit zu tun.

Da kam ein Mann und sagte: »Ich habe zehn Jahre lang Steuern hinterzogen. Ich bringe Ihnen hier eine Kuh, um die Schuld zu begleichen.«

Ein anderer gestand: »Hier, Herr Kommissar, nehmen Sie bitte diese Schaufel zurück, die ich der Regierung gestohlen habe, als ich in einer Straßenbaukolonne arbeitete.«

Der Beamte fragte: »Warum haben Sie sie zurückgebracht?«

»Ich bin verhaftet worden, Herr Kommissar.«

»Von wem denn?«

»Von Jesus.«

Manche britische Kolonialbeamte waren gebildete Agnostiker, aber sie lernten von schlichten Leuten einige Lektionen praktische Theologie.

Als Jesus mich beschlagnahmte, da sagten die Gläubigen, zu deren Gemeinschaft ich mich hielt: »Achte darauf, dem Herrn zu *gehorchen.* Tu schnell, was er dir aufträgt.«

Allmählich wurde mir klar, daß ich eine Menge in Ordnung zu bringen hatte. Am ersten Montagmorgen nach meiner Begegnung mit Jesus bat ich die Jungen in der Knabenschule vor dem Unterricht um Vergebung dafür, daß ich sie als bloße Erziehungsfälle behandelt hatte. Ich sagte ihnen, daß Jesus mich umgewandelt und mir die Augen geöffnet hatte, so daß ich sie jetzt als meine lieben Brüder betrachtete.

Die meisten Jungen freuten sich. Alle waren überrascht.

Nach dem Unterricht und an den Wochenenden schickte mich Jesus in die Stadt und über Land zu Leuten, die ich betrogen, verleumdet oder verletzt hatte, um sie nun um Vergebung zu bitten. Es fiel mir nicht schwer, Schulden zu bezahlen. Wenn der auferstandene Christus seinen Thron im Herzen besteigt, dann gibt es keine Armut, denn er ist König, reich an Barmherzigkeit, Gnade und Fülle. Der Heilige Geist erfüllt das Herz und befreit die ganze Person.

Mein Onkel, der Häuptling, war wütend über das, was mit mir geschehen war, war ich doch sein treuster Verbündeter gewesen. Er strich meinen Namen aus dem Stammesbuch aus, als sei ich tot.

Dann wurde eines Nachts seine Frau bekehrt – in ihrem Schlafzimmer! Da war kein Prediger. Der Heilige Geist wirkte einfach in diesem Zimmer. Die Frau wachte weinend wie ein Baby auf und begann, meinen Onkel um viele Dinge um Vergebung zu bitten. Er brüllte sie an: »Jetzt geht es schon nachts im Schlafzimmer los. Hat man denn nirgendwo mehr Ruhe?«

Die Frauen unseres Stammes pflegten ihre Gesichter mit Schleiern zu verhüllen, um ihre Schönheit zu verbergen. Nun legte die Frau des Häuptlings den Schleier ab und begann, öffentlich zu reden. Viele Leute erwarteten, daß sie tot umfallen würde, aber sie redete freimütig von dem Neuen, was Jesus für sie getan hatte. Sie war überall das Tagesgespräch, und mein Onkel platzte fast vor Zorn. Galten Tradition und unsere alte Kultur denn gar nichts mehr?

Nach fünfzehnjährigem Kampf ergab sich mein Onkel im Jahr 1956 Jesus Christus. Tausende von Schillingen erstattete er Leuten, die er zu Unrecht verurteilt hatte. Menschen, die er unterdrückt hatte, ließ er zu sich rufen und bat sie um Vergebung. Er leerte sein Bankkonto und gab viele Rinder zurück. Alle erkannten, wie sehr sich der Häuptling verändert hatte, und seine Feinde wurden seine Freunde.

Bei seiner Beerdigung versammelte sich eine große Menschenmenge. Christen sangen »Halleluja« und lobten den Heiland. Dies war nicht nur eine Beerdigung, sondern auch eine Auferstehung, denn eine ganze Reihe von Leuten kamen zum Herrn, darunter der ältere Bruder meines Onkels, der ein überzeugter Heide gewesen war.

Kurz nachdem ich dem Herrn begegnet war, hatte ich eines Tages das Gefühl, daß Gott mir sagte: »Geh und versöhne dich mit deinem Stiefvater.« Er war kein Christ, und unser Verhältnis war seit Jahren sehr gespannt. So ging ich nicht ohne Angst zu seinem Haus. Was würde er mit mir machen?

Er saß draußen vor der Tür und blickte mich kalt an. Ich murmelte und stammelte etwas in der Richtung, daß der Haß, den ich ihm gegenüber empfunden hätte, verschwunden sei und daß ich ihn nun liebhätte.

»Ich habe gewußt, daß du mich haßtest«, bemerkte er und sah mich dabei scharf an.

»Du hast aber nur einen kleinen Teil gewußt. Ich bin gekommen, um dir die ganze Wahrheit zu sagen und dir zu versichern, daß das nun alles vorbei ist. Bitte vergib mir.«

Eine Stunde später erhob er sich, umarmte mich, und wir blieben eine Zeitlang so stehen. Ich war überwältigt. Eine solche Reaktion hatte ich nicht erwartet; aber die Liebe ist eine Sprache, die jeder versteht. Die Mauer zwischen uns war verschwunden, und wir wurden Freunde. Unsere Häuser stehen einander offen.

Diese Entfremdung konnte nichts als nur die von Jesus am Kreuz ausgehende Liebe überwinden. Das hätte nicht einmal die Stammeszeremonie der »Karabo« (Versöhnung) zuwege gebracht.

»Karabo« war ein Ritual unseres Stammes, das Haß und Rache beenden sollte. Es wurde vollzogen nach einem Totschlag, gewöhnlich einem unbeabsichtigten Totschlag im betrunkenen Zustand. Damit sollte weiteres Töten verhindert werden, denn andernfalls wären alle Familienmitglieder des Mörders der Blutrache anheimgefallen.

Wenn die Familie des Totschlägers die Schuld anerkannte und sich um Versöhnung bemühte, dann wurden alle Stammesältesten zu einer feierlichen Versammlung unter der heiligen Eiche in Gegenwart des Königs zusammengerufen.

Vor den Augen aller Zeugen schlachtete der Priester eine fehlerlose Kuh oder ein Schaf an der Kreuzung zweier Hauptwege. Dann legten sowohl der Täter als auch einer der Betroffenen langsam und bedeutungsvoll ihre Waffen nieder. Gemeinsam traten sie an das Opfertier heran und steckten ihre Hände in das Blut. Anschließend schüttelten sie sich feierlich beide Hände.

Die Umstehenden brachen dann in ein erleichtertes Seufzen aus. Es folgte Tanz und Feier. Nun konnte man nicht mehr daran denken, den Toten zu rächen. Die Häupter aller Sippen waren Zeugen, daß die Schuld gesühnt war und der Haß begraben werden sollte. Die traditionellen Gesetze der Gastfreundschaft traten wieder in Kraft, und man pflegte wieder die normalen brüderlichen Beziehungen innerhalb des Stammes. Nach außen hin funktionierte das; aber das viel teurere Opfer der blutenden Liebe des Sohnes Gottes ist nötig, um auch den inneren Haß zu heilen.

Ich selbst erlebte die Wirklichkeit dieser Heilung schon bald an einem Wochenende. Der Heilige Geist hatte mich daran erinnert, daß ich einen Weißen haßte – einen Missionar. Er lebte achtzig Kilometer weit entfernt, deshalb meinte ich, ich brauchte nichts zu unternehmen. Aber der Geist sagte: »Schwing dich am Wochenende auf dein Fahrrad, und suche diesen Mann auf. Nachdem du nun befreit bist, ist er dein Bruder.«

»Mein *Bruder*? Ein Engländer?« Ich kippte fast um.

»Ja, dein Bruder. Du hast deinen Bruder gehaßt.«

»Was soll ich denn machen, wenn ich ihm begegne? Du kennst ihn doch, Herr.«

»Ja, ich kenne ihn. Sag ihm, daß du ihn liebhast.«

Die achtzig Kilometer nach Kabale waren mir noch nie so schwer erschienen. Die Flüsse schienen viel breiter als gewöhnlich, und die Abhänge steiler, als ich sie je gesehen hatte. Als ich an dem Haus ankam, war ich müde, hatte Angst und hoffte, daß der Mann nicht zu Hause sei.

Er war zu Hause, und plötzlich stand ich in seinem feinen englischen Wohnzimmer und erzählte ihm, was Christus für mich getan hatte; daß ich frei sei und ihn nun als meinen Bruder betrachtete.

»Es tut mir leid«, sagte ich. »Seit fünf Jahren habe ich Sie gehaßt und schlecht über Sie geredet. Ich muß Ihnen das Leben schrecklich schwergemacht haben. Bitte vergeben Sie mir.«

Obwohl er durch und durch englisch war, standen ihm die Tränen in den Augen, und wir umarmten einander. Als ich mich verabschiedete, war ich nicht mehr sein Feind, sondern sein geliebter Bruder. Welch eine Verwandlung!

Auf dem Heimweg flog mein Fahrrad nur so dahin, als hätte es einen Motor. Mein Herz hüpfte, meine Welt war anders geworden, und in dem Haus da hinten wohnte nicht nur ein einsamer »Europäer«, sondern ein Bruder – ein lieber Bruder bis zum heutigen Tag. Seit damals habe ich oft erlebt, daß das Kreuz das Ende des Rassismus und anderer Schranken ist.

Zachäus, der kleine Zöllner, erlebte dieselbe Freude, nachdem er lange von der Gesellschaft geächtet gewesen war (Lukas 19,1–9). Jesus streckte ihm seine Hand entgegen, um ihm die Menschlichkeit wieder zu schenken, die er verloren hatte. Die Freundlichkeit des Sohnes Gottes drang in sein schuldbeladenes Herz hinein und ließ ihn aus seinem Gefängnis frei.

Ich sehe ihn, wie er dasteht: Sein Gesicht ist entspannt, die entstellenden Spuren der Selbstsucht sind verschwunden. Er hatte andere Werte bekommen und konnte deshalb nur sagen: »Herr, wenn ich jemanden betrogen oder übervorteilt habe, will ich es ihm vierfältig erstatten!«

Die Schriftgelehrten müssen fast in Ohnmacht gefallen sein. So etwas hatten sie noch nie gehört.

Am nächsten Tag erklärte Zachäus einem Mann am Zoll: »Du hast sechzig bezahlt, aber zehn davon habe ich gestohlen. Das erstatte ich dir vierfach. Hier hast du also vierzig.«

»Waas? Was ist denn passiert?«

»Jesus von Nazareth ist mit mir nach Hause gekommen, und nun bin ich nicht mehr derselbe. Ich habe mich selbst entdeckt – und auch dich!«

Als dieser Mann seine Geschichte erzählte, muß es vor Zachäus' Büro zu einem Menschenauflauf gekommen sein. So endeten Feindschaften, und Mauern wurden niedergerissen angesichts der Liebe Gottes, der dem Menschen sein Menschsein gab und weiß, wie er es wiederherstellen kann.

Ich glaube nicht, daß Zachäus an diesen ersten wunderbaren Tagen zum letzten Mal die Freude des neuen Erlebens der Liebe Gottes und der Liebe seiner Mitmenschen erlebte: Wenn er Ähnliches erlebt hat wie ich und andere, dann hat er in den Jahren, die gefolgt sind, wieder und wieder diese leise innere Stimme (Johannes 16,8) gehört, die ihn darauf aufmerksam machte, daß wieder einmal etwas schiefgegangen war, daß eine Spannung oder eine Schranke da war. Und dann nahm er den kürzesten Weg zur Gemeinschaft – den Weg des Kreuzes.

4. Der kurze Weg der Liebe

Als Junge machte es mir großen Spaß, auf einem dicken Büschel Bananenblätter einen langen, steilen Abhang hinunterzuschlittern. Oben setzt man sich auf die glatten Bananenblätter, stößt sich ab, und dann geht's los. Ha! es ist herrlich, den Berg hinunterzurutschen. Überhaupt keine Anstrengung. Weniger schön ist es allerdings, wieder hinaufzukommen. Es ist steil und mühsam, und das Bananenbüschel scheint immer schwerer zu werden.

Ich habe im Leben festgestellt, wie leicht es ist, in geistlicher Hinsicht bergab zu schlittern. Ich brauche mich nur zu entschließen, meinen eigenen Willen durchzusetzen, statt nach Gottes Willen zu fragen, oder selbstsüchtig zu reagieren, und schon geht's bergab. Aber wie komme ich wieder nach oben?

Als Teenager war ich von Gott weggeglitten, und als ich merkte, daß der Rückweg beschwerlich war, gab ich's auf, ging meiner eigenen Wege, sagte, das Ganze mache keinen Spaß, und bezweifelte schließlich, daß es den Hügelrücken überhaupt gab.

Man hat mir gesagt, daß es langsame, mühsame Wege gibt, um wieder den Hügel zerbrochener Beziehungen zu erklimmen; aber die Brüder, die mich geistlich ernährten, lehrten mich schon sehr früh, daß der kürzeste Weg zurück über das Kreuz Christi führt und über das Ja zum Wirken des Heiligen Geistes. Das kostet einen etwas und ist nicht immer leicht, aber es wirkt sofort.

Als ich nach meiner Begegnung mit dem Herrn zum ersten Mal merkte, daß ich mich ein Stück weit von ihm entfernt hatte, wollte ich mich nicht damit befassen. Ich meinte, wenn ich es ignorierte, werde sich das Problem schon von selbst lösen. Ich sang weiter und sagte meine Gebete, aber die Distanz blieb.

Mir wurde immer unwohler in meiner Haut. In meinen Gedanken hatte ich meinen Herrn vom Thron gestoßen und ihn verletzt, aber ich nahm an, wenn ich den Anschein der Nähe zu Christus aufrecht erhielte, würde sich diese Nähe auch wieder einstellen. Ich verlor meinen Hunger nach der Bibel, die für mich ein lebendiges Buch gewesen war; aber ich las pflichtschuldigst weiter darin. Ich hätte eigentlich wissen sollen, daß dies ein sicheres Zeichen geistlicher Krankheit ist. Das Gebet wurde zur langweiligen Routine, und die Gottesdienste bedeuteten mir nichts mehr. Ich versuchte immer noch, anständig zu sein; aber damit überanstrengte ich mich ständig im Alltag. Ich begriff nicht, warum ich mich auf einmal so einsam fühlte, wo sich doch rein äußerlich nichts geändert hatte. Ich sehnte mich nach dem alten Frieden.

Dann predigte eines Tages ein Bruder über Hebräer 10,19–22:

»So haben wir nun, liebe Brüder, durch das Blut Jesu die Freiheit zum Eintritt in das Heiligtum. Er hat uns einen *neuen und lebendigen Weg* durch den Vorhang eröffnet, d.h. durch seinen Leib. Haben wir nun einen Hohenpriester über das Haus Gottes, dann laßt uns eintreten mit wahrhaftigem Herzen und in der Gewißheit des Glaubens, besprengt in unserem Herzen und damit befreit von dem bösen Gewissen . . .«

Der Redner führte aus, daß dieser neue und lebendige Weg für uns, die wir Jesus liebten, in unserem täglichen Leben da sei. Er sprach von der Nähe und wie wertvoll sie sei – Nähe zum Herrn und zum Bruder und zur Schwester. Nur zu leicht könne man sich von Gott und dem Menschen entfernen, und das sei gefährlich. Da konnte ich nur zustimmen. Dann erklärte er, daß es darauf ankomme, unser Herz besprengen zu lassen und damit von dem bösen Gewissen befreit zu werden.

Gewissensbisse bedeuteten, daß der Heilige Geist versuche, einem etwas klar zu machen. Es kann geschehen, erklärte er, daß eine innere Stimme »unrein, unrein!« schreit, wie es die Aussätzigen in Israel tun mußten. Dann fühlt man sich ganz allein und in der Kälte. Dies ist gefährliches Territorium, dem Niemandsland gleich, wo der Feind beliebig auf einen schießen kann. Mir lief ein Schauer den Rücken hinunter.

Er fuhr fort, man könne nur eins tun: sich dem Drängen des Heiligen Geistes beugen und das gequälte Gewissen zum Kreuz zurückbringen, wo Jesus gestorben ist. Das Blut, das dort vergossen wurde, ist immer noch da zur Vergebung der Sünden und zur Befreiung vom bösen Gewissen.

Ich rief mir noch einmal den Tag ins Gedächtnis, an dem ich Jesus für mich am Kreuz hatte hängen sehen, und ich erinnerte mich, wieviel Liebe in seinen Augen gestanden hatte, als er mich angeblickt hatte. Ich rief in meinem Herzen: »Ja, Herr! Da ist Rebellion in meinen Gedanken.« Ich sagte ihm genau, worin diese Rebellion bestand. Kaum hatte ich ihn angerufen, da wußte ich auch schon, daß er mich wieder in seine Arme geschlossen hatte.

Ich war so glücklich und erleichtert, daß ich es gleich nach der Predigt den Brüdern erzählte.

Sie sagten: »Genau das haben wir dir die ganze Zeit klarzumachen versucht. Paulus hat uns gelehrt: ›Wie ihr nun den Herrn Christus Jesus angenommen habt, so lebt auch in ihm‹ (Kolosser 2,6). Wie hast du ihn angenommen? Du hast dich ihm zugewandt und ihm vertraut. Du hast ›ja‹ gesagt zu allem, was er dir über deine Sünden sagte, und sein Blut hat sie sofort weggewaschen. Was hast du also nun zu tun, wenn du aus irgendeinem Grunde kalt und trocken geworden bist? Genau dasselbe.«

Seit jenem Tag sind viele Jahre vergangen, und ich habe oft erzählt, was mir der Herr Jesus und sein Kreuz bedeuten und daß dieser kurze Weg zurück zur Freude nie versperrt gewesen ist.

Ich bin nicht immer mit Liebe erfüllt, sehe ihn nicht immer klar. Immer wieder macht sich die Selbstsucht in mir breit. Manchmal bin ich innerlich total leer und muß das öffentlich bekennen. Aber ich habe eine Entdeckung gemacht: Jesus tut nichts lieber, als leere Gefäße zu füllen! Ich brauche nichts anderes zu tun, als für ihn offen zu bleiben und ehrlich zuzugeben, was mit mir los ist. Den Rest tut er.

Genau hier versagt das »respektable« Christentum. Es geht Gott nicht um unseren guten Ruf, es geht ihm um die Wirklichkeit.

Manchmal verfalle ich in den Fehler, den Mose machte, als er den Herrn in der Wüste nicht gehorchte und mit seinem Stab den Felsen schlug, anstatt zu ihm zu sprechen (4. Mose 20,7–13). In seinem Zorn über das Volk mißachtete er Gottes Befehl, aber wahrscheinlich diskutierte er das weg, indem er sagte: »Naja, eigentlich habe ich das doch ziemlich gut gemacht. Das Wasser ist herausgekommen, und damit ist das Problem gelöst. Gott weiß, daß mein Zorn berechtigt war, und so ist mir in geistlicher Hinsicht eigentlich nichts vorzuwerfen. Das beweist das Resultat.«

Vielleicht hat er sich selbst so gerechtfertigt, aber das Wunder, daß Gott das Wasser schenkte, hatte mit Moses Gerechtigkeit oder Gehorsam überhaupt nichts zu tun. Das Wasser kam, weil der Herr gnädig ist und Mitleid mit seinem Volk hatte.

Manchmal stelle ich fest, daß Menschen das Wort des Herrn annehmen, das ich verkündigt habe, selbst wenn in meinem Herzen nicht alles in Ordnung ist. Aber Gott läßt mir das nicht durchgehen, daß ich mir selbst auf die Schulter klopfe; und er hat es Mose auch nicht durchgehen lassen. Gott nahm Mose als seinen Freund allein beiseite, nahm sich Zeit für ihn und sagte ihm einige Dinge, die zwischen ihnen nicht in Ordnung waren. Auch mich liebt er auf diese Weise.

Ganz gleich, was die Gnade in der Vergangenheit für mich getan hat, brauche ich doch jeden Tag neu die Kraft des reinigenden Blutes Jesu, des Sohnes Gottes. Und das ist keine reine Formsache. Dafür mußte Jesus alles hergeben; er mußte den ganzen Himmel hergeben; er mußte Gethsemane und Golgatha durchleiden; dazu mußte ein reiner Gott mit einem vollkommenen Herzen in den Schmutz und die Schande der Menschheit hineinsteigen. Nur aufgrund der Tränen, des Blutes und des Schweißes am Kreuz können die Sünden, die immer wieder in uns eindringen und sich breit machen, vergeben und vergessen werden.

Es gibt eine bewegende Geschichte über Martin Luther. Auch nachdem er eine befreiende Erfahrung mit Gott gemacht hatte, wurde er versucht, und er konnte sich das, was er unrecht getan oder geistlich unterlassen hatte, selbst nicht verzeihen.

Als er einmal ganz verzweifelt war, da sagte ein Bruder zu ihm: »Martin, Gott hat dich gesegnet; aber du hast noch nicht den ›Gott der neuen Anfänge‹ entdeckt. Du mußt den Gott kennenlernen, der dich *immer wieder* rettet.«

Martin hörte gebannt zu, und dann sprang er plötzlich auf. Später erklärte er: »Nun konnte ich dem Teufel sagen: ›Wessen du mich angeklagt hast, das trifft zu, und du hast sogar noch ein paar Dinge vergessen; aber nun mußt du einen roten Stift nehmen und deine Liste durchkreuzen, denn es ist vollbracht, alles ist erledigt. Ich habe den Gott der neuen Anfänge entdeckt!‹«

Luther hatte gelernt, daß man nur erhöht wird, indem man sich erniedrigt. Sicher, Paulus sagt, daß Gott »uns gesegnet hat mit allem geistlichen Segen in der himmlischen Welt durch Christus« (Epheser 1,3) und »uns mit ihm auferweckt hat und zusammen mit ihm in die himmlische Welt versetzt in Christus Jesus« (Epheser 2,6). Aber nur wenn wir unten zu seinen Füßen sitzen, haben wir Anteil an seinem Thron. Je tiefer wir sind, desto gesegneter sind wir.

Gott, dessen Name heilig ist, sagt: »Ich wohne in der Höhe und im Heiligtum und bei denen, die zerschlagenen und demütigen Geistes sind, auf daß ich erquicke den Geist der Gedemütigten und das Herz der Zerschlagenen« (Jesaja 57,15).

Einen zerschlagenen und demütigen Geist haben heißt einfach, ›ja‹ zu Gottes Urteil sagen. »Wenn wir sagen, wir haben nicht gesündigt, dann machen wir ihn zum Lügner, und sein Wort ist nicht in uns« (1. Johannes 1,10). Der Heilige Geist stellt eine genaue und zutreffende Diagnose. Wer zur Gemeinschaft des Volkes Gottes gehört, der muß es auch lernen, Patient in seiner göttlichen Klinik zu sein. Der Patient hat nur die Aufgabe, sich dem Doktor zu fügen und sich ihm nicht zu widersetzen. Unsere wichtigste und heilsamste Haltung ist es, ›ja‹ zu seiner Diagnose zu sagen.

Gott behandelt seine Leute, damit sie dem Sohn Gottes ähnlicher und immer mehr in sein Bild verwandelt werden. Damit er das tun kann, müssen wir uns dem Heiligen Geist unterwerfen. Wenn er einen Tumor feststellt und du behauptest, daß es sich nur um Kopfschmerzen handelt, dann mag die Heilung ausgeschlossen sein. Ob es sich um Gedanken oder Handlungen handelt, Sünde ist Sünde.

Wenn ich sage: »Ja, Herr. Du hast recht«, dann ist mein Fall leicht. Dann wird er treu und zuverlässig den Heilungsprozeß einleiten, und zwar sofort: »Er vergibt uns die Sünden und macht uns rein von aller Ungerechtigkeit« (1. Johannes 1,9).

Wenn ich innerlich verhärtet bin und der Einfluß des Heiligen Geistes blockiert ist, dann ist der Tröster betrübt. Was kann ich dann machen? Ich begebe mich ins Krankenhaus. In Gottes Krankenhaus gibt es nur eine Medizin: die Liebe Jesu Christi. Seine Liebe bricht mich, überführt mich, macht mich frei und heilt mich – alles zur gleichen Zeit. Zwischen Buße und Freude klafft kein zeitlicher Graben.

Ich bin Christen begegnet, die der Meinung sind, wenn man Buße getan habe, dann müsse man noch eine Zeitlang gedrückt bleiben und sich Vorwürfe machen. Wir Anglikaner haben in unserer Liturgie ein Gebet, in dem wir bekennen, daß wir »elende Sünder« sind; und natürlich bleiben wir elend, solange wir unser Herz verhärten. Aber wir vergessen, daß der Wendepunkt gleichzeitig der Punkt ist, an dem die Freude aufbricht. Zur Buße im Sinne des Neuen Testamentes gehört nicht (im Gegensatz zu einigen Religionen) eine lange Periode der Trauer oder eine Art geistlicher Quarantäne, bevor man die Gnade erleben kann. Deshalb kann man erleben, daß jemand weint und gleichzeitig lacht.

In Afrika bin ich Zeuge geworden, wie Menschen in einer Versammlung plötzlich von Gott angerührt wurden, aufstanden, um ihre Sünden zu bekennen, und im gleichen Atemzug »Halleluja« riefen. Warum? Weil sie sich an den großen Arzt gewandt hatten und im selben Augenblick geheilt waren.

Sich von der Sünde *ab*zuwenden, die einen traurig machte, und dem Herrn *zu*zuwenden, das ist ein und dieselbe Bewegung. Beides ist *eine* Handlung, und deshalb stellt sich ohne jede Verzögerung die Freude ein.

Reue, ohne auf Jesus zu blicken, ist gefährlich.

Judas war mit Reue erfüllt, und sie trieb ihn in ein Vakuum, in den geistlichen und körperlichen Selbstmord.

Buße bedeutet, daß sich ein Mensch umwendet und Jesus ansieht. Genau das tat Thomas am zweiten Herrentag (Johannes 20,26–29). Nachdem er eine Woche in bitterer Depression und Unglauben zugebracht hatte, sah er die durchbohrten Hände des Sohnes Gottes, die sich nach ihm ausstreckten. Buße, Vergebung, Glaube und Freude ereigneten sich in einem einzigen Augenblick: »Mein Herr und mein Gott!« Vergebung und Fülle kommen Hand in Hand.

Noch etwas Wunderbares: Gott vergißt ganz bewußt unsere Vergangenheit. In dem neuen Bund, den Gott mit uns geschlossen hat, sagt er: »An ihre Sünden und ihre Ungerechtigkeit will ich nicht mehr denken« (Hebräer 10,17). Er führt nicht mehr Buch darüber.

Du kannst zu Gott kommen und ihm sagen: »Herr, es tut mir leid, daß ich dich schon wieder mit meinem Stolz betrübt habe.«

Und er wird antworten: »Wie? Bist du denn damit schon einmal gekommen?« Wenn er sagt: »Erledigt«, dann ist eine Sache erledigt.

Das bedeutet, daß wir nicht ständig eine geistliche Nabelschau veranstalten müssen. Nein. Er ist der Organist, und wir sind die Tasten seines Spieltischs. Eine Taste darf sich nur dann bewegen, wenn sie vom Finger des Organisten berührt wird.

Ein Organist würde ja verrückt, wenn sich die Tasten seiner Orgel selbständig machen würden und sich nach eigener Lust und Laune auf und nieder bewegten. Welch eine Disharmonie würde entstehen!

Auch das Umgekehrte gilt: Wenn eine Taste auf den Druck seines Fingers nicht hinuntergehen oder nach seiner Berührung unten bleiben würde, dann müßte er aufhören und sagen: »Ich kann nicht mehr spielen, bevor der Spieltisch nicht repariert worden ist.«

Oder stellen wir uns vor, eine Taste würde auf einmal sprechen und dem Organisten sagen: »He, Augenblick. Laß mich in Ruhe, drück erst einmal den da hinunter!« Auch in diesem Falle müßte der Organist aufhören und sagen: »Diese Tasten lehnen sich gegen mich auf. Ich weiß, welches Stück ich spielen will und wie es harmonisch gespielt werden kann. So überlaßt das Spielen doch bitte mir!«

Der Geist Jesu weiß, wie Musik gemacht wird. Die Hand, die ans Kreuz genagelt wurde, ist die einzige Hand, die auf den Tasten seines Spieltischs richtig spielen kann. Ich mag Bischof sein, aber ich darf deine »Taste« nicht niederdrücken. Jesus hat liebevolle, verwundete Hände. Sieh, meine haben keine Wunden. Seine zarten Hände zerbrechen nie ein Leben, sondern haben viele Leben geheilt. Vertraue dich ihnen an. Vergiß also nicht, du bist eine *notwendige* Taste auf dem Spieltisch, ohne die die Musik nicht richtig gespielt werden kann. Deshalb sage ihm: »Ja, Herr, berühre mich, wann und wie oft du das willst; ich traue deinen liebevollen Händen. Wenn du mich berührst, wird mir klar, daß ich ein unreines Gewissen habe, aber ich beuge mich nun in Buße. Reinige und wasche mich. Danke, Herr, jetzt kann ich wieder aufstehen . . . War das deine Hand, die die herrliche Musik machte, die ich eben hörte?«

Jesus ist an der Orgel, und wenn er jeden von uns anrühren kann, wann er will, dann gibt es Harmonie, herrliche Musik, ein Konzert, das alle Welt hören kann.

5. Die Einheit der Liebe

An dem Abend, an dem ich feststellte, daß mir die Golgatha-Liebe galt, erlebte ich noch eine weitere Überraschung: Ich stellte fest, daß ich nun zu einer Familie aus allen möglichen Leuten gehörte, die einander liebten und sich umeinander und um mich kümmerten. Der Herr Jesus war der Mittelpunkt des Lebens jedes einzelnen und der Mittelpunkt unserer Gemeinschaft. Wir waren menschlich und unvollkommen und versagten oft, aber wir kannten den schnellen Rückweg zur Heilung und zum Dank.

Sie erzählten mir, daß Jesus den Grund für ihre Gemeinschaft in der Nacht gelegt hatte, in der er verraten wurde. Er wußte, daß er seine Jünger sehr bald verlassen würde, und während er für sie den einen großen Wunsch hatte, daß sie alle eins seien, wußte er doch, daß unter ihnen Konkurrenzdenken und Eifersucht herrschten. Lukas berichtet uns das mit den Worten: »Es erhob sich auch ein Streit unter ihnen, wer von ihnen als der Größte gelten sollte« (Lukas 22,24). Die Atmosphäre war gespannt; die Männer schimpften miteinander. Keiner von ihnen hatte in diesem Augenblick Christi Erlösungswerk im Blick; keiner dachte auch nur an seine Aufgabe, die Botschaft davon in alle Welt zu tragen.

Wie konnte Jesus seine Gemeinde solchen Leuten überlassen? Was sollte er tun? Sie disqualifizieren? Sie aufgeben? Nein. Johannes sagt: »Er liebte sie bis zur Vollendung« (Johannes 13,1–10).

Vor diesen Männern, von denen jeder nur für sich Anerkennung wollte, stand der Meister, der höchste Ehrengast, von seinem Platz auf, legte sein Oberkleid ab, band sich wie ein Sklave ein Tuch um die Hüften, goß Wasser in ein Gefäß und kniete zu den Füßen einer seiner Jünger nieder.

Welche Peinlichkeit für die ganze egoistische Gesellschaft! Vor lauter Streiterei hatte niemand an die einfachsten Regeln der Höflichkeit gedacht und Wasser zum Waschen der Füße bereitgestellt.

Dann bat der Herr Jesus, der den Sturm gestillt und die Toten auferweckt hatte, den ersten Jünger, ihm seine Füße hinzustrecken. Noch ein Schock! Er wartete. Die Füße waren für Juden nicht gerade die vornehmsten Körperteile, aber Jesus wollte keine vornehme Rolle spielen. Er wollte die Füße, an denen noch der Staub von der Straße haftete. Jeder dachte: »Oh, meine schmutzigen Füße! Und er ist der Herr des Himmels.«

Als Jesus zu Simon Petrus kam, da erhob der natürlich Einspruch: »Herr, mir sollst du nicht so die Füße waschen!«

Jesus antwortete: »Du verstehst jetzt nicht, warum ich das tue, aber eines Tages wirst du es begreifen, Petrus.«

»Nein!« protestierte der, »auf keinen Fall wirst du mir die Füße waschen!«

»Aber wenn ich das nicht tue, dann kannst du nicht mein Partner sein.« Das war eine Bombe, aber Petrus erholte sich schnell: »Dann wasche mir auch die Hände und den Kopf – nicht nur die Füße.«

»Nein«, erwiderte Jesus, »wer schon ganz gebadet ist, der muß sich nur die Füße waschen lassen, um ganz rein zu sein.« Nun waren alle Blicke auf Jesus geheftet. Der Streit war vergessen, die Atmosphäre war verwandelt. Kein einziger von ihnen konnte von sich sagen, er hätte es nicht nötig, sich waschen zu lassen. Sie waren alle gleich. Plötzlich waren sie alle seine Partner und damit auch untereinander Partner.

Meine neuen Brüder sagten mir: »Wir sind alle eins, solange jeder einzelne von uns den Blick auf ihn gerichtet hält und solange wir uns täglich von ihm unsere schmutzigen Füße waschen lassen.« Der Straßenstaub, das sind für uns die falschen Reaktionen, die unfreundlichen Worte, die eigensüchtige Überheblichkeit und noch viel mehr. Nur wenn wir uns haben waschen lassen, können wir einander in Liebe sehen und den Blick nach draußen richten auf die, die Jesus auch befreien will.

Ich wurde in einer engen Gemeinschaft von Christen aufgezogen, die sich täglich die Füße waschen ließen. Damals trafen wir uns jeden Tag nach der Arbeit. Wir setzten uns in einen großen Kreis, damit wir uns alle anblicken konnten, Junge und Alte, Männer und Frauen, Gebildete und Analphabeten – jeder allen anderen lieb und wert.

Wir waren uns sehr stark bewußt, daß Jesus selbst mitten unter uns war, und wir hörten ihm zu. Wir verschlangen seine Worte in der Bibel in der sicheren Erwartung, daß er uns darin zeigen würde, was er von uns wollte. Dies war damals unser einziges Buch, und wir gingen ohne Vorurteil daran. Kein Wunder, daß er so klar dadurch sprechen konnte.

Nach dem Vorlesen konnte jeder etwas über den Text sagen, dem etwas besonders wichtig geworden war. Ob es ein kleines Mädchen von zehn Jahren war oder ein alter Mann von siebzig Jahren, jeder konnte weitersagen, was die Worte ihr oder ihm bedeuteten. Einige der tiefsten geistlichen Einsichten verdanke ich einigen alten Damen, die nie eine Schule besucht hatten. Sie hören genau hin, wenn das Wort vorgelesen wird, es dringt in sie ein, und sie können einige wertvolle Wahrheiten weitergeben, weil sie in Gemeinschaft mit dem Verfasser leben und wissen, was sein Herz bewegt.

Wenn uns allen gemeinsam aufgegangen war, was der Heilige Geist uns an dem betreffenden Tag sagen wollte, dann prüften wir sorgsam unsere Herzen, und häufig wurden wir zur Buße geführt. Auch zur Freude. Wir sangen viel. Die Musik klang in uns, weil wir erkannten, daß Gott gesprochen hatte und daß wir ihm gern gehorchen wollten.

In dieser Atmosphäre waren wir auch einander gegenüber offen und transparent, weil wir wußten, daß wir von den Brüdern geliebt wurden und daß sie uns sofort vergaben, wenn Gott uns vergab. Für mich war es eine große Hilfe, wenn ich den anderen erzählen konnte, was Gott wieder einmal in mir hatte wegschaffen müssen, und daß sie dann die Vergebung feierten, indem sie ein Danklied anstimmten. Für sie war, wie für Gott, die Vergangenheit vergeben und vergessen. Niemand sprach jemals wieder davon. Wir lernten einander sehr gut kennen als Sünder, die gemeinsam am Fuß des Kreuzes standen. Da unten fühlten wir uns frei, alles einander mitzuteilen.

Diese Einheit verlieh dem Gebet Richtung und Kraft. Wenn wir bereit waren zu beten, dann wußten wir, wofür wir beten konnten und mußten keine Zeit damit verschwenden, erst einmal Hindernisse wegzuräumen. Kein Wunder, daß wir Gott am Werk sahen.

Zum einen sandte er uns immer wieder hinaus. Wir gingen, ob eingeladen oder nicht, in spontan gebildeten Teams zu Fuß in die Täler in der Nachbarschaft, und wenn wir nach Hause zurückkamen, ließen wir dort gewöhnlich Jesusjünger zurück. Ganz gewöhnliche

Leute, die in einer wirklich liebenden Gemeinschaft zusammenleben, können in der Evangelisation ungeheuer viel erreichen.

In den mehr als vierzig Jahren, seit Gottes Kraft in unserem Teil Afrikas zu wirken begann, haben wir erlebt, wie in den meisten Städten und Dörfern Ostafrikas Gemeinden gewachsen sind. Und all diese kleinen und großen Gruppen haben den Kontakt zueinander aufrechterhalten. Durch Reisende, durch Briefe, durch örtliche und überörtliche Versammlungen wird die Nachricht des Evangeliums verbreitet. Ich staune immer wieder, wenn ich höre, wie in einem abgelegenen Dorf eine Botschaft wiederholt wird, die in einer großen Konferenz Hunderte von Kilometern entfernt die Teilnehmer beeindruckt hat.

Funken sind sogar zu anderen Orten in aller Welt übergesprungen, und aus allen Kontinenten sind Menschen gekommen, um zu sehen, was Gott in Ostafrika tut. Besucher, die die großen Konferenzen miterlebt haben, zu denen dreißigtausend Leute zusammenkommen, um Gott zu loben, haben diese Versammlungen als »ostafrikanische Erweckung« bezeichnet, ohne sich überhaupt klarzumachen, daß diese Konferenzen ja nur ein Nebenprodukt der beständigen, tagtäglichen offenherzigen Gemeinschaft sind, die bis heute an Hunderten von Orten blüht und gedeiht.

Paulus forderte die Christen auf: »Nehmt einander an, wie uns Christus angenommen hat zu Gottes Lob« (Römer 15,7). Zu diesem »Einander-Annehmen« gehört, daß ich dem anderen gegenüber ehrlich sein kann. Jesus hat seine Jünger tief in sein Inneres blicken lassen; andernfalls wüßten wir nicht so viel von den Versuchungen, denen er allein in der Wüste ausgesetzt war. Das Ziel der Offenheit im Umgang miteinander besteht darin, daß Gott verherrlicht wird und sein Wesen durchbricht. Und was ist sein Wesen? »Gott ist Liebe« (1. Johannes 4,16). Und woran erkennen wir diese einzigartige Liebe? An der Tatsache, »daß Christus sein Leben für uns gelassen hat«. Und was bewirkt das in uns? »Wir sollen auch das Leben für die Brüder lassen« (1. Johannes 3,16).

Ich habe viele Methoden kennengelernt, mit deren Hilfe man eine von Liebe geprägte Gemeinschaft aufbauen wollte. Aber ich kenne nur eine einzige Kraft, die eine Gruppe von Gläubigen zusammenhalten, ihre Liebe hüten und ihre Fruchtbarkeit schützen kann: der Autor in ihrer Mitte, dem man zuhört und gehorcht. Gemeinschaft ist nicht das Produkt irgendeines menschlichen Herdentriebes. Sie ist eine Frucht der selbstlosen Liebe Christi, die uns immer zueinander zieht und eine Gemeinschaft schafft, wenn Menschen ihm ihr Herz öffnen.

Wenn der Herr in der Mitte ist, dann schenkt uns der Heilige Geist offene Augen und ein feines Gespür für die Bedürfnisse des anderen. Dies nennt der Prophet das »fleischerne Herz« anstelle eines kalten, steinernen Herzens (Hesekiel 36,26). Wir sind »zur Freiheit berufen«, damit »einer dem andern in Freiheit diene« (Galater 5,13). Dieser Dienst ist etwas ganz Praktisches, was andere sehen können. Es gab in Uganda und schließlich in ganz Ostafrika viele, auf die die Worte des Kirchenvaters Tertullian zutrafen: »Seht diese Christen, wie sie einander liebhaben!«

Da stellt eine Witwe, deren Haus sich in einem jämmerlichen Zustand befindet, eines Tages fest, daß ihr die Gläubigen gemeinsam ein neues Haus bauen. Da findet eine hungrige Familie morgens einen Sack mit Korn vor der Tür. Da stellt ein junger Mensch fest, daß irgendeiner die Schulgebühren für ihn bezahlt hat. Zweifellos hat die praktische Liebe und die Gastfreundschaft der Brüder viele motiviert, sich ihnen »anzuschließen«, die dann später feststellten, daß diese Bruderschaft mehr kostete, als sie zu zahlen bereit waren.

Jede Bitte um Vergebung ist ein kleiner Tod, und dasselbe gilt für die Unterordnung untereinander in der Furcht Christi (Epheser 5,21), aber beides ist befreiend. Ich wollte zum Beispiel meinen Lehrerposten aufgeben und nur noch herumziehen und von der Golgatha-Liebe erzählen, die ich gesehen hatte und erlebte. Gott ließ mich erzählen, aber meine Brüder hielten mich entschlossen und weise zwanzig Jahre lang im Klassenzimmer und sagten mir: »Festo, im Augenblick solltest du einfach noch deinen Lehrerberuf ausüben.« Wie gut das war! Ich mußte doch noch so viele Lektionen lernen, bevor ich vollzeitlich als Evangelist arbeiten konnte!

Heute, als Evangelist und Bischof, habe ich immer noch nicht ausgelernt, und ich finde Gottes Lektionen der Unterordnung außerordentlich wichtig. Im Laufe der Jahre habe ich Gott immer wieder danken müssen für seine treuen Jünger, die bereit gewesen sind, dem Befehl Jesu zu gehorchen: »Wenn nun ich, euer Herr und Meister, euch die Füße gewaschen habe, so sollt auch ihr euch gegenseitig die Füße waschen« (Johannes 13,14).

Kürzlich trat ich mit dem Gefühl aus meiner Kathedrale, daß ich an diesem Morgen eine gute Predigt gehalten hätte. Da schüttelte mir eine liebe alte Dame die Hand. Sie ist etwa siebzig Jahre alt, kann nicht lesen und schreiben, ist aber eine jener Heiligen mit einer großen geistlichen Sensibilität. Sie dankte mir für meine Predigt. Dann fügte sie still hinzu: »Herr Bischof, was ist los? Sie haben ziemlich trocken geklungen!« In ihrer Stimme schwang keine Verachtung oder Kritik mit, nur Liebe. Bevor ich noch etwas antworten konnte, fuhr sie fort: »Bringen sie es einfach vor den Herrn«, und ging ihrer Wege.

Zu Hause fiel ich auf die Knie und brachte »es« vor ihn. Sie hatte recht. Er mußte mir zeigen, was das Wirken des Geistes hinderte.

In einer Gemeinde zu leben, in der Offenheit im Sinne des Neuen Testamentes herrscht, heißt, erneuert, zurechtgewiesen, ermutigt, neu belebt zu werden und festzustellen, daß die Last des einen von allen getragen wird.

6. Die Liebe auf dem Thron

Blick dich ruhig in dem Kreis um. Alle sind offenbar ganz auf den Herrn Jesus ausgerichtet. Sie haben anscheinend vergessen, ob die Person zur Rechten oder zur Linken schwarz oder weiß, Mann oder Frau, ganz jung oder sehr alt, Pfarrer, Bischof, Akademiker oder Analphabet, Hausfrau oder Botenjunge ist.

Alle hören auf die Botschaft vom Herrn. Alle dürfen frei ihre Gedanken aussprechen. Alle lassen das Licht des heiligen Wortes Gottes in ihr Leben hineinleuchten.

Johannes hat uns etwas Wichtiges dazu gesagt. Er wies darauf hin: Wenn wir im Licht wandeln – das heißt in der Gegenwart Gottes, wie Jesus Christus selbst stets in der Gegenwart des Vaters ist –, dann haben wir Gemeinschaft miteinander (1. Johannes 1,7–9). Man könnte Johannes fast so interpretieren, daß, wenn wir diese Bedingungen erfüllen, wir einfach Gemeinschaft miteinander haben *müssen*.

Was heißt also »im Licht wandeln«?

Zuerst einmal scheint das Licht seiner Gegenwart und seines geschriebenen Wortes in dich hinein. So kommen die Dinge ans Licht, die Jesus unähnlich sind; und sie können gereinigt werden. Dann ist dein Herz frei.

Anschließend scheint sein Licht auf deinen Bruder und macht ihn dir lieb und wert. Das heißt nicht, daß er vollkommen ist. Wenn ich Vollkommenheit verlange, an welchem Maßstab gemessen soll er denn vollkommen sein? An meinem Maßstab? Wie kläglich und monoton!

Gemeinschaft bedeutet nicht Eintönigkeit. Sie bedeutet, daß die einigende Gegenwart Jesu Christi, des Lichtes Gottes, mich durchdringt und meinen Bruder beleuchtet, so daß wir unweigerlich zueinander hingezogen werden und Gemeinschaft erleben.

Was macht es uns möglich, gemeinsam weiterzugehen und friedlich zusammen zu arbeiten? Johannes verrät uns das Geheimnis: »Und das Blut Jesu Christi, des Sohnes Gottes, reinigt uns (immer wieder) von aller Sünde.« Der Geist Gottes bedient sich immer wieder des Todes Christi, um all das zu reinigen oder wegzutun, was die Gemeinschaft des Volkes Gottes zerbricht. Damit sollen wir nicht traurig, sondern glücklich gemacht werden. Wenn etwas zwischen uns kommt, ist es uns auf diese Weise möglich, wieder zusammenzukommen, einander um Vergebung zu bitten und neu anzufangen. Unsere Gemeinschaft vollzieht sich dann auf einer noch tieferen Ebene.

Wir können nicht behaupten, anders als die Jünger im Obersaal zu sein, die sich darum stritten, wer von ihnen die höchste Stellung einnehmen würde. Es gehört zum menschlichen Wesen, daß wir immer wieder Leitern emporklettern wollen, ganz gleich, welche geistlichen Gaben und Erfahrungen wir haben. Ich will nur ein Beispiel nennen, das keine Seltenheit darstellt:

Da erhebt sich ein Pastor in einer kleinen Versammlung von Brüdern, die sich sehr gut kennen. Ihm ist klargeworden, daß er auf ein Podest gestiegen ist, und nun weint er darüber. Er sagt uns:

»Ich bin mit meiner großen Bibel auf die Kanzel gestiegen und habe mit glühenden Worten Gottes Botschaft weitergegeben. Die Menschen nahmen die Botschaft an, und ich hatte den Eindruck, gute Arbeit zu leisten. Ich kletterte höher und höher, bis ich auf einem kleinen Thron saß, den großen Mann markierte und alle anderen herumkommandierte. Menschen kamen, um sich von mir helfen zu lassen, aber mir selbst konnte niemand helfen. Ich habe nämlich den Eindruck erweckt, als sei ich einzigartig und hätte keine Probleme mit dem Fleisch. Aber das stimmt nicht! Der Heilige Geist hat mir mein Herz gezeigt. Er hat mir gesagt, daß ich einfach ein kleines Tongefäß bin, durch das er seine Schätze weitergeben will. Wenn ich mehr als das sein wollte, dann war ich fehl am Platz, und sein Segen versiegte. Vergebt mir, Brüder, denn auch ihr habt darunter gelitten.«

Als er ausgesprochen hat, da bricht um ihn herum Freude aus, die in einen Chorus mündet. Wir sind alle aufgestanden, singen und umarmen ihn. Vor allem ein Pfarrer, der erst kürzlich die Erfahrung gemacht hat, daß die einzige Machtstellung die zu Jesu Füßen ist, geht auf seinen Bruder zu und legt verständnisvoll seinen Arm um ihn.

In den vergangenen dreißig oder vierzig Jahren ist der Friede der ostafrikanischen Gemeinschaft oft – meist allerdings nur für kurze

Zeit – durch Ehrgeiz und Uneinigkeit gestört worden. Das geschieht, wenn ein einzelner oder eine Gruppe behauptet, vollkommener zu sein als andere, oder die Herrschaft an sich reißt. Ihr Standpunkt klingt ganz vernünftig: »Ich bin eifriger«, oder »Ich habe allen weltlichen Besitz aufgegeben«, oder »Ich bemühe mich um größere Heiligung. Schließt euch also mir an und trennt euch von den anderen«. Gegen solche Argumente kann man sich nur schwer zur Wehr setzen.

Das Heilmittel für solches »Weiterklettern« (ein Heilmittel, das todsicher wirkt) besteht darin, daß ich mir wieder klarmache, daß ich auf die Gnade Gottes angewiesen bin und vor ihm niederfallen muß, wie Josua es tat.

Nach dem Tod Moses hatte Josua die Führung des Volkes Gottes übernommen, oder, besser ausgedrückt, er war dazu berufen worden. Dann bildete er sich vielleicht selbst ein bißchen darauf ein, daß sie es geschafft hatten, den Jordan zu überqueren. Jedenfalls sah er sich jetzt die Mauern Jerichos an und plante seine Kriegsstrategie (Josua 5,13–15).

Als Josua aufblickte, sah er, »daß ein Mann ihm gegenüber stand und ein bloßes Schwert in seiner Hand hatte«. Es handelte sich um einen Fremden, offensichtlich einen Soldaten, der zum Kampf bereit war. Die beiden Männer standen sich Auge in Auge gegenüber.

Josua tat, was jeder tapfere Soldat getan hätte. Er wich nicht zurück, sondern sprach den Fremden an: »Gehörst du zu uns oder zu unseren Feinden?«

Der Mann antwortete: »Nein, sondern ich bin der Fürst über das Heer des Herrn und bin jetzt gekommen!«

Welch ein Schock! Josua betrachtete sich selbst als den Oberbefehlshaber des Heeres. War er entlassen? Ja, er wurde tatsächlich auf der Stelle gefeuert, denn ein anderer war gekommen, um die Befehlsgewalt zu übernehmen. Josua hatte nichts mehr zu sagen. Und das war gut so. Andernfalls hätte das Volk Gottes eine Niederlage erlitten, wie sich beim Fiasko bei Ai zeigte (Josua 7,1–5).

Josua ging ein Licht auf, und »er fiel auf sein Angesicht zur Erde nieder, betete an und sprach zu ihm: Was sagt mein Herr seinem Knecht?«

Hier befand er sich in der richtigen Stellung für einen Leiter. Der

Mann, der glaubte, daß er sein Volk zum Sieg führen würde, wurde zuerst einmal selbst besiegt. In ein paar Tagen sollten die Mauern von Jericho niederfallen, aber zuerst einmal mußte der Anführer selbst fallen. Das ist stets Gottes Reihenfolge.

Josua erwartete bestimmt, daß er nun erfahren würde, wie er das Volk mobilisieren und den Kampf führen könne. Aber stattdessen sagte der neue Oberbefehlshaber: »Zieh deine Schuhe von deinen Füßen; denn die Stätte, darauf du stehst, ist heilig.«

War das unwichtig? Mit Jericho schien das doch gar nichts zu tun zu haben. Aber der Herr sagte: »Nicht Jericho ist mein Problem, Josua, du bist es. Mit Jericho werde ich schon fertig; aber erst muß ich mich einmal mit dir beschäftigen. Wenn du an meinem Werk mitarbeiten und Kanaan einnehmen willst, dann muß ich dich erst einmal lehren, wer ich bin. Mose lernte diese Lektion am Brennenden Dornbusch, du mußt sie noch lernen. Du versuchst, ein guter Kriegsmann zu sein, ohne erst einmal zu meinen Füßen niederzufallen. Du mußt die Heiligkeit meiner Gegenwart kennenlernen, mußt erfahren, daß das Geheimnis des Sieges ein gereinigtes Herz ist. Zieh die Schuhe aus.«

Die Schuhe, das mag geistlicher Stolz gewesen sein, vielleicht aber auch etwas ganz anderes. Jedenfalls fiel Josua vor dem Herrn nieder, zog die Schuhe aus, und dann konnten die Mauern Jerichos einstürzen.

In Ostafrika hat er uns auffordern müssen, »die Schuhe auszuziehen« und wegen unserer Lieblosigkeit Buße zu tun. Mauern zwischen Menschen waren aufgerichtet worden durch Ungehorsam seinem Befehl gegenüber, »einander zu lieben, wie ich euch geliebt habe«. Zu seinen Füßen ist die Liebe zurückgekehrt, und die Wände sind eingestürzt.

Jede Gruppe, die in Liebe zusammenleben und arbeiten will, ist in Gottes Werkstatt. Der Heilige Geist hat Werkzeug und Ausrüstung, um jedes wichtige Teil in die richtige Form zu bringen. Da gibt es solche, die sich für besonders groß halten und unter ihrer Einbildung leiden. Sie, aber auch diejenigen, die sich für ganz unbedeutend halten und unter einem Minderwertigkeitskomplex leiden, sie alle müssen auf die richtige Größe gebracht werden – seine Größe.

Wenn die Kugeln in den Kugellagern der Räder eines Fahrrads genau dieselbe Größe haben, dann kommt man gut vorwärts. Aber wenn einige Kugeln größer, andere kleiner sind, dann knirscht und kracht es, und man kommt mit dem Fahrrad nirgendwo hin. Der Herr ist ständig dabei, seine »Kugellager« aufeinander abzustimmen.

Er will nicht mehr und nicht weniger, als daß wir uns als Menschen annehmen. Jeder hat seine Fehler; in allen von uns versucht das Fleisch das zu durchkreuzen, was Gott tut, und versucht der Feind, etwas von seiner Finsternis einzuschmuggeln. Wir wissen aus Erfahrung: »Wenn wir sagen, daß wir Gemeinschaft mit ihm haben, und leben doch in der Finsternis, dann lügen wir und tun nicht die Wahrheit« (1. Johannes 1,6).

Nur wenn wir unbeirrt und ständig die Stellung eines Sünders einnehmen, der der Gnade bedarf, können wir der Taktik des Feindes unserer Seelen Widerstand leisten. Satan weiß: Wenn er in einem von uns ein wenig Stolz anfachen kann mit einem Hauch von Ehrgeiz, der Oberste auf der Leiter zu sein, dann kann er ihn von der Liebe weglocken und vom Bewußtsein der Notwendigkeit des Kreuzes. Er kann ihn drängen, leidenschaftliche Predigten zu halten, gewöhnlich ein bißchen zu laut, und dann gibt er ihm alle Bibelverse, die er braucht, um »zu beweisen, daß er recht hat«. Aber damit erreicht der Feind letztlich nur sein Ziel, den vom Thron zu stoßen, der als einziger das Recht hat, auf dem Thron zu sitzen.

Ich habe erlebt, wie Satan sogar herrliche geistliche Gaben benutzte, um Gottes Volk zu Fall zu bringen. Ich war einmal mit einer Gruppe von lieben Menschen zusammen, von denen einige in Zungen sprachen. Vom Geist Gottes bewegt, sprachen sie himmlische Worte. Welch eine großartige Erfahrung! Wie der dritte Himmel. Doch was geschah dann? Ganz allmählich schlich sich das Fleisch ein, und diese lieben Leute hielten sich für besser als andere und vermittelten den anderen das Gefühl, sie seien Christen zweiter Klasse.

Die Gemeinschaft wurde gestört, es kam zu Bitterkeit und Vorwürfen. Der Heilige Geist wurde gehindert, weil ein fremder Geist in die Gemeinschaft des Gottesvolkes eingedrungen war. Die gute Gabe des Vaters durch den Geist war vom Fleisch mit Beschlag belegt und zum Schaden des Leibes Christi mißbraucht worden. Sie mußten sich wieder beugen, Buße tun und sich reinigen lassen – nicht von der Gabe, die heilig war, sondern von ihrem Mißbrauch.

Mein Bruder, Dr. Joe Church, kann Sachverhalte auf ungewöhnliche Weise darstellen. Er hat es einmal so ausgedrückt:

»Gott ist weise und kennt uns gut. Ich glaube, er sagt: ›Ja, heute sind sie gerettet. Sie sind wiedergeboren und mit meinem Geist erfüllt. Doch warte nur bis morgen. Dann werden einige miteinander streiten. Aber ich werde dafür sorgen, daß es dafür eine Lösung gibt. Ich werde es so einrichten, daß der Tod meines allmächtigen Sohnes, des lebendigen Christus, meinen geliebten Kindern immer wieder zur Erneuerung dient. Wenn es zwischen Bruder und Bruder zu Spannungen kommt, zu irgendwelchen Mißverständnissen oder zu Kritik, dann werde ich sie dahin zurückführen, wo alles begann.‹

So kommt der Heilige Geist in eine Gruppe, in der Spannung herrscht, so daß man kaum atmen kann. Die Leute singen, aber ihr Herz ist kalt. Es herrscht keine Gemeinschaft. Er blickt sich um.

Der Geist findet einen, der bereit ist. (Wir sind nämlich nicht alle zur gleichen Zeit bereit.) Diesen einen nimmt er mit zum Kreuz von Golgatha, legt ihm die Hand auf den Nacken und sagt ihm: ›Knie nieder, beuge dich hier.‹ Dann neigt er sich zu ihm hinab und flüstert ihm zu: ›Bitte bleib hier, bis ich wiederkomme.‹

Dann geht er zu der Gruppe zurück und holt den nächsten, läßt auch ihn oder sie niederknien und sagt: ›Bitte, bleib hier.‹ Die Reihe wird länger und länger, und nun sagt jeder: ›Vater, vergib *mir* (nicht: dem andern da!), vergib mir meine Haltung, meine Hartherzigkeit, meine verletzenden Worte.‹ Man weist nicht mehr mit Fingern aufeinander, denn alle sind in der Gegenwart der Liebe Christi. Wenn sie mit Lob und Dank erfüllt wieder aufblicken, sind alle da. Es gibt keine Trennung mehr, sondern alle umarmen einander in großer Freude.«

Ich habe so etwas beobachten können und es auch immer wieder selbst erlebt. Es ist herrlich. Ein solches Werk tut Gott gegenwärtig in Ostafrika, und es ist gut.

Eine unserer Evangelisationsmannschaften sprach einmal zu einer Zeit in dem schönen Land Burundi, als dort heftige Stammesfehden im Gange waren. Der Geist Gottes brach mit der erlösenden Liebe Jesu in diese Dunkelheit ein.

Ein Mann wurde befreit. Er durchquerte weinend den Raum, blieb neben einem Bruder stehen und tippte ihm auf die Schulter. Da brach auch dieser Mann in Tränen aus. Er stand auf, und sie umarmten einander. Dann begannen beide gleichzeitig um Verzeihung zu bitten. Sie hatten zwei Jahre lang zusammen studiert und sollten bald für das Pfarramt ordiniert werden, aber sie hatten einander nicht geliebt, weil sie verfeindeten Stämmen angehörten.

Die Menschen in diesem Raum waren auf einmal wie elektrisiert, und die meisten der Anwesenden wurden an jenem Tag ihre Bitterkeit und ihren Haß los. Die Versöhnungen, die dort stattfanden, hielten auch in den bitteren Tagen der Unruhen, die in diesem Land folgten.

Ich kenne Leute, die vor einer solchen offenen Gemeinschaft Angst haben. Warum? Jemand sagte einmal: »Nun, ich halte nichts davon, meine schmutzige Wäsche auf die Leine zu hängen, so daß alle Nachbarn sie sehen können!«

Wir auch nicht. Was wir einander zeigen, ist fleckenlos reine Wäsche, und es ist eine Freude, sie »an die Leine zu hängen«. Gott hat sie nämlich schon gründlich gewaschen, bzw. er reinigt sie in diesem Augenblick. Wenn wir unseren Brüdern und Schwestern – natürlich in der gebotenen Kürze und Behutsamkeit – berichten, wovon Gott uns erlöst hat, hat der Heilige Geist das häufig benutzt, um einem anderen einen blinden Fleck oder einen vergessenen Winkel in seinem Leben zu zeigen, um den er sich kümmern sollte. Außerdem führt es uns näher zusammen, erinnert es uns doch daran, daß wir alle gleich und von gleicher Größe sind.

Das ist etwas völlig anderes als die Praxis mancher Gruppen, die sich hinsetzen und einander all ihre Probleme und Gefühlsregungen offenbaren, dann alles zusammenpacken und wieder damit nach Hause gehen. Da wird schmutzige Wäsche vorgeführt.

Offenheit in der Gegenwart Jesu ist befreiend und vermittelt einem das Bewußtsein eines ganz neuen Anfangs. Der Herr Jesus, der große Arzt, steht im Mittelpunkt und macht uns durch das offene Aussprechen von Problemen klar, wo wir konkret für den anderen beten und wie wir einander helfen können.

Nun kann etwas Trauriges passieren. Wenn ich im Lichte Gottes überzeugt worden bin, daß etwas schiefgegangen ist, wenn also mein Stolz der freundlichen Stimme gewichen ist, dann kann der Teufel nachstoßen und mich mit seinen Anschuldigungen überschütten. Dann läßt er kein gutes Haar an mir und redet mir ein, ich sei ein hoffnungsloser Fall.

»Du schaffst das nie«, höhnt er. »Du bist viel zu schlecht, um mit Jesus zu gehen. Du wirst diese oder jene Gewohnheit nie ablegen oder deine Persönlichkeit ändern. Du weißt doch, daß Gott heilig ist und Vollkommenheit erwartet. Gib doch lieber gleich auf« usw., usw. Er predigt Verzweiflung, Hoffnungslosigkeit und Depression, und erstaunlicherweise höre ich zuweilen ihm zu, anstatt dem Heiland. Ich befolge seinen Rat und klage mich stundenlang selbst an, hasse mich selbst, als ob der Heiland zu weit entfernt wäre, mir zu helfen.

Aber Jesus ist viel näher, als ich es zu solchen Zeiten merke, und er ist sogleich für mich da, sobald ich mich ihm zuwende – ob ich im Bett liege, mich auf der Straße befinde oder sonst irgendwo bin.

Meine Brüder können die Stimme des Feindes sehr schnell erkennen. Wenn also ich oder sonst irgend jemand die schlechte Nachricht des Feindes wiederholt, die die Liebe Gottes und die Macht des Kreuzes leugnet, dann sagen sie ruhig, aber fest: »Schetani« (»Satan«). Satan zu erkennen, wie Jesus es bei Petrus tat (Matthäus 16,23) und ihn beim Namen zu nennen, entwaffnet ihn. Er gleicht dann dem brüllenden Löwen in Bunyans »Pilgerreise«, der angekettet war und den Pilger nicht anrühren konnte, solange der auf dem Wege blieb.

Es ist gefährlich, Sünde vor dem Herrn zu verbergen.

Die zehn Brüder Josefs taten dies lange Zeit. Sie hatten ihren eigenen Bruder in die Sklaverei verkauft, und das war fast ein Mord. Achtzehn Jahre lang mußten sie lügen und selbst unter der Täuschung leiden.

Dann führte Gott sie in seiner Gnade zu Josef, den sie verkauft hatten. Von sich aus wären sie nie zu ihm gegangen, dazu hätten sie viel zuviel Angst gehabt; aber sie wurden von den Umständen dazu gezwungen. Auch uns kann es geschehen, daß wir durch die Umstände gezwungen werden, vor einem anderen zu stehen, den wir verletzt haben, einem, der größer ist als wir selbst.

Sie erkannten Josef nicht in dem Herrscher Ägyptens, aber er erkannte sie. Er sah ihnen in die Augen und wußte, daß sie von Schuldgefühlen geplagt wurden. Er sprach über einen Übersetzer mit ihnen, und weil er sie liebhatte, gab er sich ihnen nicht zu erkennen. Er hoffte, daß sie bereit wären, die alte Sache von sich aus zu bekennen, damit sie sie endlich begraben und ihr Gewissen erleichtern könnten.

Lange drückten sie sich vor der Wahrheit.

Josef sagte: »Ihr seid Spione.«

Das war eine harte Anschuldigung, und deshalb mußten sie versuchen, sich zu rechtfertigen. Sie sagten:

»Wir sind aufrichtige Männer.« (Waren sie das?) »Deine Knechte sind zwölf Brüder.« (Und das stimmte, sie hatten richtig gezählt.) »Wir sind Söhne eines Mannes im Land Kanaan« (richtig) »und der Jüngste ist noch bei unserem Vater« (richtig), »aber der eine ist nicht mehr« (falsch! Wo war er?).

Es war ein unnötiges Bekenntnis, aber irgend etwas drängte sie, es auszusprechen. Und warum logen sie in dem letzten Satz über Josef? Wahrscheinlich, weil das damalige Geschehen sie verfolgte.

Ich habe Leute in Versammlungen für eine Erweckung beten hören. Manchmal legten sie ein langes »Bekenntnis« ab – bis kurz vor dem Punkt dessen, was sie wirklich verfolgte: Gott wartet darauf, daß sie ihm die ganze Wahrheit sagen, aber kurz vorher machen sie halt.

Auch Josef wartete auf die Wahrheit. Wenn sie ihre Geschichte mit den Worten beendet hätten: »Aber den anderen haben wir in die Sklaverei verkauft«, was hätten sie sich alles erspart!

Es gibt eine Art des Sündenbekenntnisses, ein ganz allgemeines Zugeben, daß bei uns nicht alles in Ordnung ist, das uns in Ruhe läßt und uns das Kreuz erspart. So etwas ist zuweilen in unseren Versammlungen geschehen. Wenn jemand meint, er habe die »Technik« erlernt, aber keine Vergebung erlangt hat, dann erzählt er eine lange Geschichte, gespickt mit psychologischen Wörtern, die alle darauf hinzielen, daß er Pech gehabt hat, aber nicht wirklich schuldig ist und Gnade braucht. So drückt man sich vor der Wahrheit und bringt sich um die Freiheit.

Hören wir dagegen einmal, was Josefs Brüder zueinander sagen, als sie sich allein glauben: »Das haben wir an unserem Bruder verschuldet! Denn wir sahen die Angst seiner Seele, als er uns anflehte, und wir wollten ihn nicht erhören; darum kommt nun diese Trübsal über uns.« Sie konnten es sich selbst eingestehen, aber sie konnten es nicht da zugeben, wo es nötig war, nämlich Jakob und Josef gegenüber.

Es gibt Männer, die überall ihre Eheprobleme herumerzählen, und es gibt Frauen, die sich überall über ihre Männer beklagen, aber sie bringen es nicht fertig, direkt zu Jesus und dem betreffenden andern zu gehen. Vor dem andern setzen sie ein falsches Lächeln auf. Sie sind »Spione«, d.h. sie geben sich für etwas aus, was sie nicht sind.

So wurden die Brüder Josefs immer verzweifelter. Warum herrscht in unseren Familien, in unserem Geschäftsleben, in unseren Büros und in unseren Gemeinden soviel Verzweiflung? Es könnte daran liegen, daß Gott den Segen weggenommen hat, bis wir nicht mehr der Wahrheit ausweichen.

Die Brüder schoben Josef die Schuld zu und sagten: »Der Mann, der im Lande Herr ist, redete hart mit uns!« Hart? Müssen sich harte Menschen abwenden, weil sie weinen? Josef war ein warmherziger Mann, aber er mußte sie leiden lassen, bis sie endlich ihr Versteckspiel aufgaben. Vielleicht bürden wir uns auch völlig überflüssige Lasten auf, indem wir nicht die Wahrheit eingestehen. Viele, viele Christen müssen sich vom Heiligen Geist die Masken abreißen lassen, die sie tragen. Was für erbärmliche Täuschungsmanöver!

Schließlich kam der Augenblick, an dem Juda vor Josef lag und weinend sagte: »Was sollen wir meinem Herrn sagen? . . . Womit können wir uns rechtfertigen? Gott hat die Missetat seiner Knechte gefunden . . .« (1. Mose 44,16). Genau darauf wartete Josef die ganze Zeit, und im gleichen Augenblick konnte er ihnen offenbaren, wer er war – ihr verlorener Bruder.

Jesus Christus, den du verraten hast, ist noch an genau der Stelle, wo er schon immer auf dich gewartet hat – auf Golgatha.

7. Die Liebe kommt nach Hause

Offene Gemeinschaft ist nirgendwo schwieriger, wichtiger oder schöner als in der Familie.

Als ich als junger, unverheirateter Lehrer in die Familie Gottes kam, wurde ich häufig in Familien eingeladen, die schon länger auf dem Weg waren als ich. Ich sah Familien, die im Lichte Gottes lebten, und sie machten einen tiefen Eindruck auf mich.

Ich staunte immer wieder zu sehen, welche Würde und welche Freiheit des Geistes der Herr den Frauen gegeben hatte, die ihm nachfolgten. Afrikanische Männer haben oft mehrere Frauen und lassen sich normalerweise gern in der Familie wie die Könige bedienen. Ihre Frauen sind dann bessere Sklaven. Doch nun erlebte ich, wie ein Mann seiner Frau den Ehrenplatz einräumte und wie sie diesen Platz als gleichwertige Partnerin liebevoll ausfüllte. Ich erlebte sogar, wie ein Mann vor seiner Frau niederkniete und ihr sagte: »Ich bin gemein gewesen und habe dir weh getan, meine Liebe. Es tut mir leid. Bitte vergib mir.«

Ich hätte es nie für möglich gehalten, daß sich ein Mann mit seiner Frau über geschäftliche Angelegenheiten unterhielt, doch nun erlebte ich auf einmal, wie der Verdiener sein Gehalt mit nach Hause brachte, es komplett auf den Tisch des Hauses legte, um gemeinsam mit seiner Frau darüber zu beten und den Herrn zu fragen, wie sie es ausgeben sollten.

Die Familien, die Jesus liebten, standen jeden Morgen vor Sonnenaufgang auf und versammelten sich nach der Morgentoilette in einem Zimmer, wo sie Loblieder zu singen begannen. Jeden Morgen, wenn ich erwachte, konnte ich hören, wie in einem Haus in der Nachbarschaft nach dem anderen ein Lied angestimmt wurde. Dann wußte ich: gleich würde man den Tagestext lesen, der in der Bibellesehilfe des Bibellesebundes angegeben war, und gemeinsam darüber nachdenken. Anschließend tauschte sich die Familie darüber aus, was der Herr zu jedem einzelnen geredet hatte; man sprach in aller Ruhe über die Pläne für den Tag oder über mögliche Probleme und betete zusammen. Dies wurde zu einer neuen Tradition, und sie verbreitete sich über ganz Ostafrika als die Art, in der eine Familie, die Jesus nachfolgt, den Tag beginnt.

Wir Unverheirateten wurden häufig in die eine oder andere Familie eingeladen, um zu lernen. Man sagte uns viel über Gottes Plan für die Ehe, daß sie das Leben vollkommen machen solle, so wie Gott Adam die Eva gab als Gehilfin, die ihn harmonisch ergänzen sollte (1. Mose 2,18). Man sagte uns, daß die Ehemänner ihre Frauen genauso lieben sollen, wie Christus seine Braut, die Gemeinde, liebt und alles tut, um sie zur Vollkommenheit zu führen (Epheser 5,25–30).

Hier lernten wir eine ganz neue Lebensordnung kennen, die von gegenseitiger Achtung und Hingabe geprägt war und in deren Mittelpunkt der Herr Jesus Christus stand. Ich begann davon zu träumen, meine eigene Familie zu gründen.

Drei Jahre, nachdem ich meinen Weg mit Jesus und mit meiner neuen christlichen Familie begonnen hatte, waren die Schwestern und Brüder mit mir der Meinung, daß es nun an der Zeit sei, an die Ehe zu denken. Als ich mit Mera sprach, der schönen jungen Lehrerin, die mein Herz hatte, da wußte ich, daß die Brüder und Schwestern in liebevoller Fürsorge für mich beteten und sich mit mir freuen würden, daß sie meinen Antrag angenommen hatte. Sie richteten für uns eine Hochzeit aus, die von der Freude des Herrn erfüllt war. Darüber waren meine und Meras Verwandte so erstaunt, daß wir eine großartige Möglichkeit hatten, ihnen von dem zu erzählen, der im Mittelpunkt unserer zukünftigen Familie stehen sollte.

Mera hatte schon mehrere Jahre vor mir mit dem Herrn zu leben begonnen und hatte wegen ihres mutigen Zeugnisses im Internat manches einstecken müssen. Wir sind nun seit über fünfunddreißig Jahren verheiratet, unsere vier Töchter sind erwachsen, und wir haben gemeinsam viel gelernt. Ich danke Gott für Mera. Sie ist der beste Seelsorger, den ich habe. Jeder von uns braucht ein paar Leute, die ihm geistlich weiterhelfen können, und sie ist für mich die Beste, weil sie mich so gut kennt.

Wenn zwei Leute einander lieben und zusammenleben, dann kommt es auch zu Reibereien. So auch bei uns. Die Dinge, die sich da einschleichen, mögen ganz unscheinbar sein, aber sie sind Jesus unähnlich.

Wir haben in Afrika ein Insekt, das sich ganz zusammenrollt, wenn man es berührt. So bin ich auch. Wenn zu Hause einmal Sand ins Getriebe geraten ist, dann ziehe ich mich auch allzu oft in mich selbst zurück, sage nichts und hoffe, daß meine Frau nichts merkt. Aber sie merkt es. Sie merkt es, Gott sei Dank.

Wir wissen beide, daß wir den Heiligen Geist betrüben, wenn wir auf etwas sitzenbleiben, was nicht vergeben ist. Die besondere Gabe meiner Frau ist ein freundliches Wort, das meine Augen abwendet von dem, was mich quält, und hinwendet zu dem reinen Licht in seinem Angesicht, so daß ich wieder zu seinem Kreuz eile.

Sie weiß, wann ich ein Problem habe. Sie weiß, wann ich hart bin. Sie weiß, wann ich deprimiert bin, und sie weiß, wie sie mir helfen kann. Nach einer Predigt nimmt sie mich zuweilen beiseite und sagt mir: »Festo, heute hast du beim Predigen zuviel Krach gemacht. Da haben die Leute nicht alle Worte verstehen können.«

An einem anderen Tag sagt sie zu mir vielleicht: »Festo, du hast so ein verkniffenes Gesicht. Ist was los? Komm, wir gehen zu Jesus.«

In solchen Situationen kann ich Gott danken und mich heilen lassen. Ich kann mich aber auch zurückziehen, mich aufplustern und denken: »Bin ich nicht der Herr in diesem Hause? Wie kann sie nur so mit mir sprechen? Sie ist einfach unmöglich.«

Wenn das geschieht, plustere ich mich immer mehr auf, bis ich schließlich einem großen Luftballon gleiche. Das erinnert mich an das neutestamentliche Wort, das wörtlich soviel wie »leere Herrlichkeit« bedeutet (Galater 5,26). Ich blase mich auf und meine: je größer ich bin, desto besser. Ich sage gewissermaßen: »So, und jetzt soll sich gefälligst jeder vor mir verneigen!«

Ich werde ungeduldig mit den Kindern. Sie stoßen an meinen Ballon, und er springt durch die Gegend. Den Kindern paßt das nicht, also blasen sie sich auch auf, bis schließlich das ganze Haus voll von aufgeblasenen Menschen ist. Abends bin ich immer noch aufgeblasen, und dann nehme ich die Bibel und rufe die Familie zur Andacht zusammen. Meine Frau kommt. Die Ärmste! Auch sie ist herumgeschubst worden und beginnt, sich aufzuplustern. Meine Kinder kommen und sind böse auf mich. Kann es in einer solchen Situation Gemeinschaft in unserer Familie geben?

Wie in aller Welt soll der Heilige Geist diese Familie wieder zusammenbringen? Das ist nicht leicht. Aber auf die eine oder andere Weise gelingt es dem Heiland immer wieder, mit der scharfen Nadel seines Todes einen der Ballons anzupicken. Mein Problem ist, daß ich immer meine, meine Frau sollte zuerst einmal die Luft ablassen; aber der Heilige Geist weiß es besser. Er ist gerecht und gut und setzt sich mit mir immer nur darüber auseinander, was bei *mir* nicht stimmt, und nicht darüber, was meines Erachtens bei einem anderen nicht stimmt.

Wenn er einen Ballon ansticht . . . pschschsch! Einer von uns bittet aufrichtig um Vergebung, die Luft ist heraus aus dem Ballon, und dann werden auch die anderen weich und zugänglich, wir finden wieder zueinander, reden miteinander und verstehen einander wieder.

Wenn Türangeln rostig geworden sind und jemand die Tür öffnet, ertönt ein lautes Quietschen. Wenn in unserer Familie die Geduld oder die Anpassungsbereitschaft nachläßt, dann beginnen wir auch zu quietschen. Ich merke, wie meine Stimme immer höher wird. Darauf antworten die Kinder mit Quietschen. Wir brauchen Öl. Wenn der Geist Christi sein Öl auf die Angeln aufträgt, dann werden unsere Stimmen wieder natürlich und unsere Herzen klopfen im normalen Rhythmus.

Gott setzte das erste junge Ehepaar an einen herrlichen Ort, den Garten Eden. Er hatte sie in seinem Bild geschaffen, beide, und so herrschte Fröhlichkeit und Harmonie. Es fielen keine bösen Worte, es gab keinen Ärger, keinen Verdacht, keine Eifersucht. Das Leben war erfüllt, und es herrschte völlige Freude, weil Gott im Mittelpunkt stand. Wenn wir leben, wie er das will, leben wir bis zu einem gewissen Grade neu dieses Eden-Leben.

Doch dann beschlossen Adam und Eva, die Freiheit in ihre eigenen Hände zu nehmen. Sie sprangen über den Zaun, den Gott zu ihrem Schutz errichtet hatte. Sie suchten etwas Besseres als Gott – und verloren alles. Sie fühlen sich nicht mehr wohl in der Gegenwart des Schöpfers. Sie bekamen Angst vor ihm und verbargen sich.

Aber Gott kam zu den beiden, die sich da versteckten. In Liebe rief er: »Adam, wo bist du?« (1. Mose 3,1–12)

Das bedeutet nicht, daß Gott das nicht gewußt hätte. Er sagt einfach: »Adam, du bist am völlig falschen Ort; und wo ist deine liebe Eva? Was ist geschehen? Hast du das Falsche gegessen?«

Adam hätte sagen sollen: »Ja, Herr. Es tut mir leid. Ich habe wirklich Unrecht getan.«

Statt dessen beklagte er sich: »Das Weib da . . .« Er nennt sie nicht »Liebling« oder »Schatz«; er nennt sie nicht einmal bei ihrem Namen. »Das Weib, das du mir gegeben hast . . .« Du hast mir die Falsche gegeben, Herr. Eigentlich bist du an allem schuld. Die Frau ist schuldig, und du bist schuldig, so bin ich eigentlich noch der Unschuldigste.

Ich will das an einem praktischen Beispiel illustrieren. Eines Tages bereiteten meine Frau und ich uns auf eine christliche Wochenendfreizeit vor. Abends setzten wir uns hin und sprachen darüber, was wir im Wagen mitnehmen sollten. Das ging ganz gut, bis sie etwas Bestimmtes vorschlug und ich sagte: »Nein, ich glaube nicht, daß wir das mitzunehmen brauchen, Liebling.«

Ich erwartete, daß sie sagen würde: »Ist gut, Schatz.« Doch statt dessen erklärte sie lang und breit, warum wir es doch brauchten. Ich setzte ihr auseinander, warum wir es nicht brauchten. Je mehr wir redeten, desto mehr entfernten wir uns voneinander. Schließlich wurde es Zeit, schlafen zu gehen. Ich legte meine Waffen nieder, und sie legte ihre Waffen nieder. Unsere kurzen Gebete waren kalt und unbeteiligt, und wir gingen zu Bett.

Sie schlief (wie schön für sie!), aber ich schlief nicht.

Um Mitternacht meinte ich den Heiligen Geist sprechen zu hören: »Festo!«

Und ich sagte: »Ja, Herr?«

»Du schläfst nicht.«

»Nein, Herr.«

»Und du bist natürlich sehr heilig, und deine Frau ist ein schlimmer Sünder. Bedeutet das, daß heilige Leute nicht schlafen? Oder leidest du vielleicht um deiner Frau willen? . . . Klagst du sie nicht in Wirklichkeit an? Und stiehlst du mir nicht meine Zeit? Du hast die Gebetszeit verschwendet, du hast deine Frau in die Kälte geschickt, und nun fühlst du dich miserabel. Du bist unnötig hart gewesen. Jetzt muß Schluß sein mit der Rederei.«

Ich sagte: »Ja, Herr. Was soll ich denn tun?«

»Du mußt um Vergebung bitten.«

»Jetzt, Herr?«

»Nein, nein. Am Morgen.«

Also sagte ich am Morgen: »Liebling, es tut mir leid. Ich habe es schrecklich finster gemacht. Bitte vergib mir.«

Und ob sie mir vergab! Sie sagte: »Nein, es war meine Schuld. Ich hätte mich nicht so aufregen sollen.«

Das Licht schien wieder in unsere Dunkelheit, und der Friede kehrte ein. Wir umarmten uns und sangen im Schlafzimmer, und dann gingen wir nach draußen, um den Wagen zu packen. Als sie jenes bewußte Ding einpackte, da fragte ich mich, warum wir uns bloß darum gestritten hatten, und wir fuhren fröhlich im Herrn los.

Auf der Konferenz sagte der Geist: »Erzähl den Leuten davon.« Ich tat es, und der Geist Gottes wirkte am Leben von Menschen und heilte an jenem Tag einige Ehen, die schon fast zerbrochen waren.

Ein Mann sagte: »Ich weiß gar nicht, was mit meiner Frau los ist. Sie sieht so schön aus!« Gewiß, sie lächelte, aber für uns sah sie noch genauso aus wie vorher.

Eines Tages fragte ein kleines Mädchen, das der Mutter bei der Arbeit in der Küche zusah: »Mutti, was tut Gott den ganzen Tag über?«

Der Mutter fiel zuerst einmal keine Antwort ein. Doch dann sagte sie: »Schätzchen, ich will dir sagen, was Gott den ganzen Tag über tut. Er verbringt den ganzen Tag damit, Zerbrochenes zu reparieren.«

Vielleicht hast du den Eindruck, daß deine Situation nicht mehr zu reparieren ist. Ich habe mit Leuten gesprochen, die mir sagten: »Sie verstehen das nicht. Wenn Sie die Umstände kennten, in denen ich mich befinde, dann wüßten Sie, daß daran überhaupt nichts zu ändern ist. Dafür ist es jetzt viel zu spät. Sie kennen meinen Mann nicht (oder meine Frau oder mein Kind) . . .«

Das erinnert mich immer an Martha von Bethanien, die sagte: »Wenn du hier gewesen wärst, Herr, dann wäre mein Bruder nicht gestorben« (Johannes 11,21–44). Aber jetzt ist die Situation hoffnungslos. Er ist schließlich seit vier Tagen tot.

Jesus kannte die Situation genau, und er wußte auch schon, was er tun würde. Zunächst mußte er einmal dem Problem auf den Grund gehen, und so sagte er: »Wo habt ihr ihn hingelegt?«

Können wir mit Martha sagen: »Komm und sieh«? Komm, Herr, wirf einen Blick in mein Familienleben. Da sieht's nicht immer schön und anständig aus, aber komm trotzdem.

Und »Jesus weinte«. Das waren Tränen der Liebe und des Verständnisses. Er weiß, was unser Herz beschwert. Wenn er in eine Situation hineinschaut, und wenn ihm freie Hand gelassen wird, dann bleibt nichts, wie es einmal war.

Er wollte sogar in das Grab hineinsehen. Das war schwer. Buße ist keine einfache Sache, und manche Dinge stinken mehr als andere und versursachen mehr Leid. Aber nimm deinen Mut zusammen! Öffne das Grab. An jenem stinkenden Grab offenbarte Jesus seine Herrlichkeit. Vielleicht sagt er dir: »Vertrau mir nur, wenn alles ›hoffnungslos‹ ist, dann wirst du erleben, wie auch aus deiner Situation die Herrlichkeit Gottes hervorkommt.«

Wie leicht kann man einem anderen Wunden schlagen, und wie schwer heilen sie. Wenn Gott nicht gnädig eingreifen würde, wären wir längst alle zu Mördern geworden.

Eines Tages sagte ich etwas, was meine liebe Frau tief verletzte. Ich wollte in die Küche gehen und sie um Vergebung bitten, doch ich schaffte es einfach nicht. Ein wirkliches Bekenntnis, das nicht oberflächlich ist, ist schwer, und von Predigern erwartet man natürlich Heiligkeit. Es ist eine Tatsache: Je höher man steht, desto schwerer ist es, hinunterzusteigen. Und überhaupt, so redete ich mir ein, es war ja alles ihre Schuld. Sie hatte mich provoziert.

So breitete sich die Kälte aus, und meine Frau erschien mir wie eine Fremde. Eine Mauer wuchs zwischen uns empor – nicht so dick, daß wir einander gehaßt hätten, aber dick genug, daß wir nicht mehr lächeln konnten. Ich hatte Zeit, eine lange Liste ihrer Fehler zusammenzustellen, aber das machte mich nur noch elender.

Jesus wußte, daß ich einsam war und daß der Geist betrübt war, also begann er gnädig zu wirken. Es war Sonntag morgen, als er zu mir sagte: »Bitte gib mir deine Liste.«

Ich wandte ein: »Aber Herr, das alles hat sie wirklich getan. So hat sie gehandelt.«

»Ja, ich weiß, aber komm. Ich möchte dich frei machen.«

»Ja, Herr.«

»Schön. Also wollen wir einmal einen Blick auf die Liste *deiner* Sünden werfen.«

Ich fand auf einmal heraus, daß meine Liste länger war als ihre, doch Jesus tilgte meine Sünden mit seinem Blut.

»Und nun geh in die Küche, wo deine Frau unglücklich ist, und sprich mit ihr.«

»Ja, Herr, aber nicht jetzt. Ich habe keine Zeit. Ich muß in die Kirche und predigen. Die Leute warten auf mich.«

»Fein. Dann nimm deine Notizen und predige; aber ich bleibe in der Küche bei deiner Frau.«

Jetzt steckte ich in der Klemme, denn predigen, wenn er nicht dabei ist – das ist schrecklich. Die Bibel bleibt stumm, die Worte fehlen. Was hat es für einen Sinn, so zu predigen? Ich war tatsächlich schon auf dem Weg durch die Tür, da drehte mich der Heilige Geist herum.

»Jetzt geh in die Küche!«

So ging ich und sagte zu meiner Frau: »Es tut mir leid. Ich habe den Streit verursacht. Ich war kritisch und habe den Herrn betrübt. Ich habe dich vor den Kopf gestoßen. Bitte vergib mir!«

Normalerweise vergibt Mera mir schnell; aber diesmal war es anders. Sie glaubte, ich täte das nur, weil ich gut predigen wollte, und so zuckte sie nur mit den Schultern.

Der Herr sagte: »Versuch's noch mal. Beginne weiter unten. Du bist noch nicht weit genug unten. Du erwartest zu schnell, daß sie dir vergibt.« Nur Jesus vergibt einem immer schnell. Anderen Menschen muß man mehr Zeit lassen, damit der Heilige Geist weiter reden kann. Und wenn dann Vergebung gewährt wird, ist es besonders schön.

Als sie mir schließlich vergab, sangen wir gemeinsam ein Lied und umarmten uns in der Küche. Als ich zur Kirche eilte, kam sie mit.

Unterwegs sagte der Heilige Geist: »Erzähl den Leuten in der Kirche davon, bitte!« Das fiel mir schwer, aber ich tat es, und Gott öffnete an jenem Tag die Fenster des Himmels. Menschen versöhnten sich miteinander. Viele fanden an jenem Tag den Weg zur Buße.

Aus mir selbst heraus und in eigener Kraft kann ich nicht so ehrlich sein. Davor habe ich Angst. Es ist mir peinlich. Aber wenn ich hinuntersteige zum Fuß des Kreuzes und dort Jesus begegne, bedeckt seine Gnade meine Sünde, vergibt mir meine Schwachheiten und läßt mich das sein, was ich bin – ein Sünder, dem Vergebung zuteil geworden ist.

In der Atmosphäre gegenseitiger Vergebung und angesichts dessen, was Jesus für uns getan hat, haben Mera und ich festgestellt, daß wirklich schöpferische Liebe daraus wächst, daß man sich selbst vergißt und selbst opfert. Dann benutzt man nicht mehr den anderen für die eigenen Zwecke, sondern jeder erfüllt den anderen, macht ihn zu einer vollständigeren Person mit einer höheren Würde. So werden schlummernde Qualitäten im anderen geweckt, und wir haben Teil an der Liebe Christi, der seine Braut zur Vollkommenheit hin liebt.

8. Liebe schenkt neue Möglichkeiten

Die Golgatha-Liebe ist etwas Erstaunliches, denn sie hat uns befähigt, im Laufe der Jahre zusammen mit unseren Brüdern und Schwestern viele neue Lektionen zu lernen.

Das Wirken des Heiligen Geistes in Ostafrika, das ich selbst von 1940 an erlebte, hatte schon zehn Jahre zuvor begonnen. Am Anfang standen nur zwei Leute: Simeoni Nsibambi und Dr. Joe Church. Sie begegneten einander durch Gottes »Zufall« in der Nähe von Kampala, Uganda, zu einer Zeit, als beide unter einem verzweifelten geistlichen Hunger litten. Sie ließen alles stehen und liegen und setzten sich gemeinsam unter einen Baum auf dem Namirembe-Hügel und studierten tagelang das Neue Testament, um mehr über den Heiligen Geist zu erfahren. Er fand sie und führte sie zum Kreuz Christi und der ganz schlichten Möglichkeit, täglich seine Kraft für die ständige persönliche Neubelebung in Anspruch zu nehmen.

Sie fingen Feuer. Dasselbe geschah mit Simeonis Bruder Blasio, der Dr. Joe zu seinem Krankenhaus in Gahini, Ruanda, zurück begleitete. Dort wurde, neben anderen, ein älterer medizinischer Helfer, Yosiya Kinuka, lebendig, und das Feuer begann sich auszubreiten. Es gewann auch in Buganda an Boden, wo Simeoni arbeitete. William Nagenda, ein junger Regierungsbeamter, gehörte mit einigen anderen jungen Männern zu denen, die der Herr anrührte.

Lawrence Barham, ein älterer Missionar in meinem Bezirk Kigezi, riskierte es, 1935 eine Verkündigungsmannschaft von Gahini nach Kabale einzuladen. Er trommelte alle Kinder aus der Internatsschule, die Lehrer, Evangelisten und Gemeindeglieder zusammen, um zuzuhören. Ich war einer der Schüler aus dem Internat.

Blasio, Dr. Joe und Yosiya gehörten zu dem Team. Unsere Aufmerksamkeit wurde von den leuchtenden Gesichtern dieser Männer gefesselt, die offensichtlich geistliche Freiheit hatten, Gott liebten und miteinander in Frieden lebten. Wir hörten mit großen Augen zu, was sie zu sagen hatten.

In diesen Versammlungen geschah nichts Weltbewegendes, allerdings erlebten ein oder zwei Menschen geistliche Freiheit. Das Ganze war für die meisten Leute zu neu und fremdartig. Aber hier war eine geistliche Zeitbombe gelegt worden. Innerhalb eines Monats begannen Leute auf einmal völlig unerwartet zu weinen, träumten vom Himmel oder schrien unter der Last ihrer Sünde, bis sie Christus persönlich kennenlernten. Mein Internat war einer der Unruheherde. Damals machte ich meinen ersten Anfang mit Christus, den ich dann später aufgab. Ich war damals etwa vierzehn Jahre alt.

Als ich 1939 vom Bishop Tucker Memorial College in Mukono zurückkehrte, hatten sich in der Kirche von Rukungiri, meiner Heimatstadt im nördlichen Kigezi-Bezirk, ungewöhnliche Dinge ereignet.

Zuerst einmal geschah es, daß an einem ganz normalen Sonntagmorgen ein ganz normales Gemeindeglied aufstand, um die ganz normale Schriftlese für diesen Tag in einer ganz normalen anglikanischen Kirche vorzulesen. Noch während er las, begannen Leute zu weinen. Das waren junge Leute, alte Leute und führende Gemeindeglieder. Die vorgesehene Predigt für jenen Tag konnte überhaupt nicht gehalten werden. Der Tränenstrom riß nicht ab, weil die Leute ihre Sünden vor Augen hatten. Der Mann, der mit der Schriftlesung begonnen hatte, brach ebenfalls zusammen, als er fertig war.

Etwa eine Stunde später standen die meisten von denen, die noch in der Kirche waren (einige waren nach Hause gegangen) und sangen. Menschen umarmten sich, nachdem sie einander um Vergebung gebeten hatten. Andere knieten noch.

Am folgenden Sonntag hatte sich die Zahl der Gottesdienstbesucher verdoppelt, und das Gebäude war zu klein. Also versammelte man sich draußen unter den Bäumen.

Dies war der Anfang, und wenige Monate später kam ich nach Hause, um meinen Lehrerposten anzutreten, und traf eine Situation an, wie ich sie im ersten Kapitel geschildert habe.

Die kleinen Hauskreise zur Vertiefung der Gemeinschaft waren schon ins Leben gerufen worden. Ja, sie bildeten sich, wohin sich auch das Licht der Liebe Gottes verbreitete. Die, die buchstäblich »von den Toten auferstanden waren« fühlten sich natürlich zueinander hingezogen. Dann erzählte vielleicht jemand, daß er einen kleinen Kreis kennengelernt hatte, in dem man die Bibel studierte, sich austauschte und gemeinsam betete, und dann versuchte man das auch. Eines jedenfalls steht fest: Es kam niemand von außerhalb, um die »Nacharbeit zu organisieren«.

Mannschaften zogen, eingeladen oder nicht, auf eigene Rechnung aus Ruanda nach Burundi und Tanganjika, aus West- und Zentraluganda in andere Provinzen und bis nach Kenia und in den Sudan. Von dort kamen dann Berichte über die Macht Gottes, die in all jenen Gebieten offensichtlich am Werke war.

In Kigezi wurde 1945 die erste der bekannten Kabale-Konferenzen abgehalten zur Feier der zehn Jahre neuen Lebens, seit der Heilige Geist nach dem Besuch der ersten Evangelisationsmannschaft 1935 gnädig seine Kirche neu zu beleben begonnen hatte. Das Konferenzthema, das in großen Buchstaben über der Rednertribüne prangte, lautete: »Jesus genügt«. Blasio war kurz nach seinem ersten Besuch in Kabale gestorben, aber andere Mitglieder jener ersten Mannschaft aus Ruanda waren da. Hunderte kamen von weit her zu der Versammlung, Tausende von Menschen aus der näheren Umgebung kamen zu Fuß. Mera und ich nahmen mit unserer ersten Tochter, der kleinen Peace, an der Konferenz teil. Wir waren damals Lehrer in Kabale und beherbergten, wie viele andere, eine Reihe von Gästen.

Ein Missionslehrer aus Tanganjika, der an der Konferenz teilnahm, rief Lehrer auf, zu einer Knabenschule in Zentral-Tanganjika zu kommen, die mit großen Schwierigkeiten zu kämpfen hatte. Dieser Aufruf ließ mir keine Ruhe. Als ich mit Mera darüber sprach, wollte sie zuerst nichts davon wissen; aber später, nach langem Gebet, erklärte sie sich bereit, daß wir als Missionare in dieses Land gehen sollten, das später Tansania genannt wurde. Am Ende dieses Jahres wurden wir zusammen mit der Familie Erisa Wakabis, von unseren Brüdern als ihre Missionslehrer nach Zentral-Tanganjika ausgesandt. Unser Gebiet, Dodoma, war sowohl äußerlich als auch geistlich verdorrtes Land.

Unsere Brüder und Schwestern, die mehr Erfahrung hatten als wir, versicherten uns, daß der Heilige Geist uns in unserem Kampf gegen die Angriffe des Feindes mit seiner Kraft ausrüsten würde. Er würde dafür sorgen, daß unsere Augen auf den Herrn Jesus gerichtet blieben. Wer ihn sieht, so sagten sie, der kann mit allen Schwierigkeiten des Lebens fertig werden, und wenn er der schwächste Gläubige wäre.

Wir waren zutiefst überzeugt von Gottes Ruf und erwarteten, daß das neue Leben in Christus sich auch schnell nach Tanganjika ausbreiten würde. Das half uns über die Härten und Gefahren der Busreise hinweg, über die Überfahrt über den Victoriasee an Deck eines Dampfschiffes und die schmutzigen Eisenbahnwagen dritter Klasse, die mit randalierenden Soldaten vollgepackt waren, die aus den Kriegsgebieten Ägyptens und Burmas zurückkehrten.

In den ersten Tagen in Dodoma konnten wir Gott noch gemeinsam loben, obwohl unsere beiden Familien – die Wakabis hatten vier Kinder, wir hatten eines und erwarteten unser zweites – ein winziges Haus zugeteilt bekamen, das einmal als Unterkunft für Dienstboten gedient hatte. Es enthielt kein einziges Möbelstück und keinerlei Vorräte, dafür aber umso mehr Zecken. Wir wurden auch noch mit dem von den Zecken hervorgerufenen Fieber und der Malaria fertig, die sich ein paar Tage später einstellten, und gaben uns daran, zwei neue Sprachen zu lernen.

Als wir dann jedoch feststellen mußten, daß unser eifriger Zeugendienst den dortigen Missionaren und Gemeindeleitern unannehmbar erschien, da waren wir am Ende. Wir waren gekommen, weil wir meinten, wir würden erleben, wie das ganze Land unter das Feuer des Geistes Gottes kommen würde. War nicht genau das in Kigezi und an vielen anderen Orten, von denen wir gehört hatten, geschehen? Aber hier wurden uns die Türen immer wieder vor der Nase zugeschlagen. Die Leute sagten:

»Nein, so etwas wollen wir nicht in unseren Kirchen.«

»Nein, wir halten diese Art des Zeugnisses nicht für schriftgemäß. Wir wollen nicht, daß ihr irgendeine fremde Lehre einschleppt und unsere Leute durcheinanderbringt.«

Wir waren völlig verwirrt und ratlos. Und wir wurden allmählich wütend, denn wir waren überzeugt, daß wir die richtige Art für den Beginn einer Erweckung kannten. So war es nur natürlich, daß wir die, die uns die Türen verschlossen hatten, »Feinde des Segens« nannten und sie entsprechend behandelten.

Damit waren wir an der falschen Stelle gelandet. Wir saßen nicht mehr unten zu Jesu Füßen, um seine Gnade zu empfangen. Nein, wir standen als Richter auf einem hohen Podest und wiesen mit dem Finger auf andere. Nun wird man natürlich, sobald man andere zu richten beginnt, so kalt wie Eis. Man kann einen anderen nicht richten und gleichzeitig segnen.

Wir selbst trockneten geistlich immer mehr aus und verstanden das nicht. Wozu hatte Gott uns berufen – nur Geographie und Naturkunde zu lehren und nie zu predigen?

Während wir beteten, sagte Gott zu uns: »Ach, liebe Kinder, ihr leidet unter den Sünden des Erfolgs.«

»Was meinst du, Herr?«

»Ihr seid aus einem Gebiet gekommen, wo alles einfach war: die Versammlungen waren herzlich, Menschen wurden gerettet, viele freuten sich. Nun müßt ihr euch umstellen. Ihr habt euch vom Erfolg ernährt, statt von mir. Ich will, daß ihr eine neue Lektion lernt.«

»Welche, Herr?«

»Bitte lernt Geduld, die keine großartigen Erfahrungen fordert. Ihr sollt lernen, daß ich es allein bin, der euch Zufriedenheit schenken, euch führen und euch die nicht Liebenswerten lieben lassen kann.«

So taten wir Buße. Wir wandten uns nicht von unserem Zeugnis ab, sondern von unserer Haltung – vom »Ich-bin-heiliger-als-du«-Geist, der hart und kritiksüchtig war. Dann begann der Herr, uns zu den Leuten zu schicken, auf die wir wütend gewesen waren, um uns bei ihnen zu entschuldigen und sie um Vergebung zu bitten. Manche machten uns das nicht leicht, aber bei uns kehrte wieder die Freude ein. Die Luft wurde wieder von giftigen Gasen frei.

Dann schenkte der Herr uns die Freiheit, unseren ehemaligen »Feinden« kleine, unscheinbare Beweise unserer Liebe zu geben. Wir begannen einfach als Menschen zu handeln, die Jesus lieben, und wir stellten fest, daß Gott uns alle möglichen Gelegenheiten schenkte, unterwegs und in unseren Häusern für ihn den Mund aufzutun.

Was geschah? Zunächst gar nichts. Es dauerte lange, sehr lange, bis in der Gegend von Dodoma die ersten Anzeichen eines Feuers zu bemerken waren; aber hier und da wurden in der Gemeinde und in der Schule ein paar Funken angezündet. Ein paar Schuljungen begannen sich zu uns hingezogen zu fühlen und kamen, um sich mit uns zu unterhalten.

In jener Zeit hatte unser himmlischer Vater eine besondere Lektion für uns vorbereitet. Mera war zur Geburt unseres dritten Kindes im fünfzig Kilometer entfernten Missionskrankenhaus. Ich kümmerte mich zu Hause (wir wohnten in der Nähe der Schule, etwa dreieinhalb Kilometer außerhalb von Dodoma) um unsere beiden ersten. Eines Tages wurde Lydia, unsere süße Kleine, von Krämpfen geschüttelt. Ich band sie mir auf den Rücken und raste auf meinem Fahrrad, so schnell ich konnte, über die staubige Straße zum Krankenhaus in der Stadt.

Ein paar Stunden später nahm Jesus unser kleines Mädchen zu sich. Es war ein schrecklicher Schock. Ich fragte mich, ob meine Frau ihn überleben würde, wenn sie die traurige Nachricht erfuhr. In diesem Krankenhaus war ich von Muslimen umgeben, weil die Stadt vorwiegend von Muslimen bewohnt war. Am Bett meines kleinen Mädchens brach ich in ein verzweifeltes Stoßgebet aus, und der Heilige Geist, die Taube des Himmels, war da und antwortete. Ich hatte noch kaum meinen kurzen Schmerzensschrei ausgestoßen, als sich der Himmel öffnete.

Ich hatte mein kleines Mädchen angeblickt, das von uns gegangen war, und ich hatte mich dabei völlig ausgebrannt gefühlt. Da stellte mir der Tröster ganz unerwartet den Herrn Jesus vor Augen. Er war mein Heiland, das wußte ich; aber in jenem Augenblick brachte er mir den ganzen Himmel herunter, und mein Herz wurde voll davon. Der Himmel kam mir so nah, daß es war, als wäre das Kind nicht gestorben. Ich wandte mich um und erzählte den Muslimen, die da waren, von diesem Trost, und einige von ihnen weinten im Krankenhaus.

Dann betete ich, daß meine Frau dieselbe Erfahrung machen möge, und schickte, nicht ohne Zittern, einen Boten. Ich wußte, wie sehr sie das kleine Mädchen liebte, und ich konnte mir nicht vorstellen, wie sie mit dem Schlag fertigwerden würde.

Mera liebt Jesus, und der Tröster kümmerte sich sofort um sie, noch bevor der Bote dort eintraf. Unsere dritte Tochter, der wir den Namen Joy gaben, war an dem Tag geboren worden, an dem Lydia starb. Und der Heilige Geist war zum Bett dieser Mutter gekommen. Als die Botschaft eintraf, geschah etwas Unerwartetes. Meine Frau tat etwas, was sie aus eigener Kraft niemals hätte tun können: Sie stand auf und pries den Herrn und erzählte es sogar den anderen Patienten. Einige haben das nie vergessen, besonders solche Leute, die unsere Lydia gekannt haben.

Sie konnten nicht verstehen, daß man so etwas mit einem getrösteten Herzen durchstehen kann. Aber Mera bekam die Kraft dazu. Gott segnete ihre Seele, und auch ihr kam der Himmel nahe.

Als ich sie im Wagen eines Freundes abholte, hatte ich den Eindruck, sie noch nie so frei im Herrn erlebt zu haben. Es war, als habe der Heilige Geist den Tod unseres Kindes in Segen für uns verwandelt. So standen wir an einem der nächsten Tage in der Kathedrale und sangen das Lied: »Mit ewiger Liebe geliebt«, und unsere Herzen flossen von Dank über.

Wir hatten noch viele andere Lektionen zu lernen, darunter auch unangenehme und peinliche.

Im weiteren Verlauf dieses Jahres hatten wir erreicht, daß einige der Jungen aus der Oberschule einmal wöchentlich zum Bibelstudium zu uns nach Haus kamen. Sie waren sehr lernbegierig, und ich wußte, daß sie an mir als ihrem Lehrer emporblickten.

Als ich eines Tages nach dem Unterricht nach Hause kam, kam es zu einer Meinungsverschiedenheit zwischen Mera und mir, und ich zog mich in mein Schneckenhaus zurück. Zwischen uns wuchs eine Nebelbank empor. Ich sagte kein böses Wort, aber die Ruhe war geheuchelt. Innerlich sagte ich eine ganze Menge, und Gott wußte das natürlich. Den Bibelkreis hatte ich total vergessen, da hörte ich plötzlich die Stimmen der Jungen auf dem Weg zu unserem Haus.

»Herr«, rief ich, »was mache ich denn jetzt? Da kommen sie, und ich habe ihnen nichts zu sagen. Ich bin total durcheinander. Hilf mir!«

Leise sagte der Herr: »Versuche nicht, ihnen etwas zu predigen. Erzähl ihnen einfach, was für ein Mensch du bist. Es ist Zeit, daß sie dich auch einmal so kennenlernen.«

Das schmeckte mir überhaupt nicht, aber mir blieb nichts anderes übrig. Noch während ich erzählte, tat ich Buße, und Gott vergab mir. Als Mera hereinkam, bat ich auch sie vor den Jungen um Vergebung.

Für die Jungen war das etwas ganz Neues, und von diesem Tag an begannen einige, mit Jesus zu gehen. Weil sich uns inzwischen Türen geöffnet hatten, zogen die Jungen an den Wochenenden mit uns los, sangen und bezeugten, was Gott in ihrem Leben getan hatte. Gottes Kraft begann zu wirken. Gemeinden begannen zu wachsen, und schließlich verbreitete der Heilige Geist das Licht Jesu über ganz Zentral-Tansania.

Als wir nach Dodoma gekommen waren, hatten wir drei Jahre bleiben wollen, aber wir blieben elf Jahre. Während dieser Zeit unternahmen William Nagenda und Yosiya Kinuka Predigtreisen nach England und Europa. William war ferner mit Dr. Church nach Indonesien, Nordamerika, Brasilien, Indien und anderen Ländern gereist. Immer wieder kamen Einladungen, und wir freuten uns zu hören, was Gott tat, als das schlichte Zeugnis von der Gnade des Herrn Jesus in vielen Ländern verkündigt wurde.

1958 wurde ich eingeladen, meinen lieben Bruder Yohana Omari, den ersten afrikanischen Bischof Tansanias, auf einer Studien- und Predigtreise durch Australien zu begleiten. Gott segnete den Dienst Bischof Omaris, der ein so schlichtes Englisch sprach und so konsequent mit seinem Herrn lebte.

Während der Monate in Australien wurde ich gebeten, in den Norden zu reisen und den australischen Ureinwohnern das Evangelium zu verkündigen. Der Missionar erklärte mir lang und breit, wie wenig empfänglich die Urbevölkerung für das Evangelium sei. So zog ich schon mit Vorurteilen los.

Und sie trafen hundertprozentig ein. Wenn ich zu ihnen sprach, hätte ich genauso Steinen predigen können. In den Augen der Zuhörer war auch nicht der Schimmer eines Interesses zu entdecken. Ich begann mich zu fragen, warum ich überhaupt hierhergekommen sei, und sagte zu dem Missionar: »Ich glaube, wir haben einen Fehler gemacht, hierherzukommen.«

Aber ich hatte kaum ausgesprochen, da begann der Heilige Geist auch schon, mich zurechtzuweisen.

»Das Problem sind nicht die Eingeborenen«, sagte er. »Das Problem liegt bei dir. Du hattest doch schon ein fix und fertiges Bild von ihnen, als du hierherkamst. Du hast ihnen doch gar nicht dein Herz ausgeschüttet. Du hast nur Selbstgespräche geführt, und da haben sie natürlich nicht zugehört.«

Ich kniete nieder und bat für meine Lieblosigkeit um Vergebung. Der Herr sagte: »So. Und nun sprich zu ihnen als zu Menschen, die mir lieb und teuer sind, für die ich gestorben bin; und vergiß alles, was du über sie gehört hast.«

An jenem Abend hatten wir etwa zwanzig Zuhörer, und ich weiß nicht, was passierte. Ich sprach einfach, und sie reagierten. Vor mir saß ein Mädchen, dem die Tränen die Wangen hinunterliefen. Von da an war alles ganz anders, und Gott begann sein Werk.

Als wir nach Uganda zurückgekehrt waren, arbeitete ich zwei Jahre lang als Schulrat. Aber der Ruf zur Evangelisation wurde immer stärker, und er wurde nun von vielen Brüdern und Schwestern bestätigt. So ließen Mera und ich mit unseren vier kleinen Mädchen im Glauben unsere Sicherheiten hinter uns und sagten: »Ja, Herr, wohin du uns führen willst, wollen wir gehen.«

Unser Herr ist wunderbar treu gewesen, hat uns geführt und geleitet auf all unseren vielen Reisen, bei Studium und Ordination, beim Aufbau eines »Africa Evangelistic Enterprise«-Teams und bei der Weihe als Bischof von Kigezi.

Einmal machte ich gemeinsam mit William Nagenda eine anstrengende Predigtreise im Ausland. In ihrem Verlauf wurde ich eifersüchtig auf den Erfolg meines Bruders. Innerlich kritisierte ich alles, was er sagte. Jeder Satz war falsch oder grammatisch unmöglich oder unbiblisch. Seine Gesten waren aufgesetzt. Alles an meinem Bruder war falsch, falsch, falsch. Je mehr ich kritisierte, desto kälter wurde ich. Ich war eisig und einsam und hatte Heimweh.

Dann griff der Heilige Geist ein. Ich hatte ihn nicht hergebeten, aber wie gut, daß er trotzdem kommt! Er sagte still: »Festo, du leidest.«

»Nein, nein. Das ist seine Schuld.« Ich hatte mir sorgfältig zurechtgelegt, wie ich mich verteidigen und meinen Bruder bloßstellen konnte.

Aber er, der Geist Gottes, stellte alles auf den Kopf und sagte: »*Du* stehst nicht richtig. Was du auch in deinem Bruder sehen magst, deine Haltung ist lieblos – knochentrocken. Du stößt ihn weg.«

Schließlich mußte ich es zugeben. »Ja, Herr, ich habe Unrecht. Was soll ich tun?«

»Du kannst überhaupt nichts machen. Du bist im Augenblick geistlich bankrott. Du wendest dich am besten schnellstens an das Hauptquartier.«

Schamerfüllt wandte ich mich an meinen himmlischen Vater und bekannte ihm, daß ich mit meiner schlimmen Haltung meinem Bruder Schaden zugefügt hatte. Denn sobald man einem anderen gegenüber kalt ist, tritt man in den Bereich des Mordes ein.

Kain wurde gefragt: »Wo ist dein Bruder?« Und seine Antwort: »Ich weiß es nicht« ließ auf Mord schließen (1. Mose 4,9).

Aber als ich meine Sünde bekannte, trat sogleich das Kreuz in Aktion. Jesu Blut reinigte mich von meiner Sünde. Ich war frei.

Dann sagte Gott: »Nun geh, und sag deinem Bruder, warum euer Verhältnis so abgekühlt war.«

Ich wandte ein: »Herr, bin ich denn nicht inzwischen soweit, daß du und ich die Dinge zwischen uns regeln können, ohne dieses kindische Entschuldigen bei anderen?« Ich wußte, Gott war langmütig und vergebungsbereit; aber ich war nicht sicher, wie William mein Geständnis aufnehmen würde. Ich mußte trotzdem gehen. Gott befahl es mir.

Wir wollten gerade zu einer Versammlung aufbrechen, wo wir gemeinsam predigen sollten, da sagte ich: »William, es tut mir leid. Es tut mir sehr leid. Du hast doch sicher schon die Kälte zwischen uns gespürt.«

»Ja, ich habe die Kälte gespürt, aber ich weiß nicht, was passiert ist. Was ist denn los?«

»Ich bin eifersüchtig auf dich gewesen. Bitte vergib mir.«

Dieser liebe Bruder stand auf, umarmte mich, und wir vergossen beide Tränen der Versöhnung. Mein Herz erwärmte sich wieder, und als er predigte, da hatte mir seine Botschaft viel zu sagen. An einen Satz erinnere ich mich bis heute: »Paulus glaubte nicht, daß das Eingeständnis eines Fehlers einen Flecken auf dem Evangelium bedeutet.« Er hatte Paulus' großartige Dankesworte vorgelesen: »Gott aber sei Dank, der uns allezeit Sieg gibt in Christus und durch uns den Duft seiner Erkenntnis an allen Orten offenbart« (2. Korinther 2,14). Dann machte er deutlich, daß gleich vor diesen Worten des Preises die Verse über Paulus' Niederlage in Troas stehen: »Als ich aber nach

Troas kam, um das Evangelium von Christus zu predigen, und mir eine Tür aufgetan war im Herrn, da hatte ich dennoch keine Ruhe in meinem Geist, weil ich meinen Bruder Titus nicht fand; sondern ich nahm Abschied von ihnen und fuhr nach Mazedonien« (2. Korinther 2,12.13).

Sagte Paulus hier nicht: »Ich habe versagt. In meiner Enttäuschung und meiner Angst habe ich total den Kopf verloren . . . aber Dank sei Gott für seine Gnade, die mich wieder annahm und mir *seinen* Sieg gab«? Wenn wir im Triumphzug des gekreuzigten und auferstandenen Christus mitziehen, behaupten wir nicht, daß wir vollkommen sind. Wir sagen vielmehr: »Halleluja! Ich bin schwach und versage zuweilen, aber Gott sei Dank: Er hat für mich vollkommen gesorgt. Seine Gnade hält mich.«

Es war wichtig, daß ich diese Lektion lernte. Ohne seine Gnade wäre ich schon längst vom Wege abgekommen.

9. Liebe triumphiert im Leid

Seit den 1950er Jahren hat es in Ostafrika ständig irgendwo politische Unruhen gegeben, von denen auch unsere Brüder nicht verschont blieben. Sie beteiligten sich zwar nicht daran, mußten aber dennoch darunter leiden. Inmitten all dieser Gegebenheiten hat uns alle die Golgatha-Liebe einige wichtige Lektionen erteilt.

Da war in den 50er Jahren in Kenia zunächst einmal der »Mau Mau«-Aufstand, der den ganzen Stamm der Kikuyu in Freiheitskämpfer verwandeln sollte und bei dem mit Guerillataktik gegen die herrschenden Briten vorgegangen wurde. Obwohl unsere christlichen Brüder mit dem Ziel der nationalen Freiheit übereinstimmten, wollten sie doch um nichts in der Welt den Eid zum Morden ablegen, der von ihnen verlangt wurde.

So wurden Hunderte von ihnen getötet. Man griff sie an, weil die Einheit des Stammes durch den gemeinsamen Eid das Nahziel der »Mau Mau«-Führer war. Christen, die Widerstand leisteten, wurden draußen aus dem Hinterhalt überfallen und erdrosselt oder nachts in ihren Häusern mit Buschmessern in Stücke gehauen.

Offiziere der Kolonialregierung hielten diese leidenden Brüder für ihre Verbündeten und boten ihnen Gewehre zu ihrem eigenen Schutz an. Die Antwort war: »Nein, danke. Wir lieben euch und auch unsere Stammesbrüder der Kikuyu. Wie können wir denen im Busch von der Liebe Gottes erzählen, wenn wir Gewehre in Händen halten?« Und die Liebe Gottes bezeugten sie, noch während sie starben.

Einige Jahre später erfuhren wir das von ehemaligen harten »Mau Mau«-Kämpfern, die sich Christus zugewandt hatten. Ich erinnere mich an einen, der während einer Konferenz in Kenia aufstand, die wir 1958 durchführten. Vor elftausend Leuten sagte er: »Unter meiner Führung griff einmal eine Gruppe von Aufständischen nachts eine christliche Familie an. Wir hatten den Befehl dazu bekommen, weil sie fanatische Widerständler seien. Aber zu meiner Überraschung liebte der Mann uns. Er sagte, er habe keine Angst vor dem Sterben, denn dann sei er sofort bei Jesus. Dann flehte er uns an, aber nicht um *sein* Leben, sondern um *unseres* – daß wir wach werden und

Buße tun möchten, solange wir noch Zeit hätten. Wir töteten ihn, aber er starb mit dem Gebet auf den Lippen: ›Vater, bitte vergib ihnen, und schenke ihnen Zeit, sich zu bekehren.‹ Wir gingen in den Busch zurück, aber ich konnte das Gesicht jenes Mannes und seine Liebe nie vergessen. Nun hat sein Jesus mich endlich gefunden, und nun will ich jedem von ihm erzählen.« Dieser Mann wurde Evangelist, und ich habe schon mit ihm zusammen gepredigt.

Wie kann man solche Christen vernichten? Schlägt man sie, lieben sie einen. Setzt man sie Schimpf und Schande aus, nützen sie das als Gelegenheit, kreativ zu sein. Tötet man sie, dann gewinnen sie einen!

Die frühen Jünger Jesu waren genauso, nachdem zu Pfingsten der auferstandene Christus in ihren Herzen den Thron bestiegen hatte. Als sie vom Sanhedrin schrecklich ausgepeitscht worden waren, »verließen sie den Hohen Rat voll Freude darüber, daß sie gewürdigt worden waren, für seinen Namen Schmach zu erleiden« (Apostelgeschichte 5,41). Ähnlich war es bei Paulus und Silas. In Philippi riß man ihnen die Kleider vom Leib und schlug sie mit Stöcken. Mit blutendem Rücken, die Füße im Block beteten sie und sangen dem Herrn um Mitternacht Loblieder, und alle anderen Gefangenen hörten ihnen zu (Apostelgeschichte 16,22–25).

Während des »Mau Mau«-Aufstandes wurde ein junger Lehrer namens Heshbon in seinem Schulbüro angegriffen. Alle Schüler rannten um ihr Leben. Heshbon wurden die Schneidezähne ausgeschlagen, und dann ließ man ihn auf dem Boden liegen, weil man ihn für tot hielt. Doch Gottes Leute fanden ihn, pflegten ihn aufopfernd, und er überlebte.

Nach zwei Wochen ging er auf eigenen Wunsch wieder an dieselbe Schule zurück, obwohl man ihm einen anderen Posten angeboten hatte. Er war von dem Wunsch beseelt, die Männer zu finden, die ihn angegriffen hatten, und ihnen zu erzählen, daß Jesus sie liebe. Da fiel ihm ein, daß einige von ihnen vielleicht gefangen und in ein Zuchthaus gesperrt worden sein könnten. So ging Heshbon mit der Bibel in der Hand dorthin. Er sagte zu dem britischen Beamten, der das Zuchthaus leitete: »Würden Sie mir gestatten, hineinzugehen?«

»Wozu denn?«

»Ich möchte Ihren Häftlingen erzählen, daß Jesus sie liebt.«

»Sind Sie verrückt? Die würden Sie in Stücke reißen.«

»Wissen Sie, was das für Leute sind?« fragte Heshbon freundlich.

»Ja, das sind die brutalsten Terroristen der Welt.«

»Nein, das sind unendlich wertvolle Menschen, für die Christus gestorben ist. Ich kenne sie gut, sie sind meine Brüder. Sehen Sie sich meinen Mund an; mir fehlen ein paar Zähne. Und sehen Sie sich die Narben in meinem Gesicht an. Das haben sie getan, deshalb möchte ich ihnen erzählen, daß Jesus für sie gestorben ist.«

Der Beamte verstand die Welt nicht mehr und sagte schließlich: »Na schön. Dann gehen Sie mal rein. Aber denken Sie dran – auf eigenes Risiko!«

Heshbon schritt durch die Tür. Die Häftlinge knurrten wie die Löwen und kamen drohend auf ihn zu. Er sprach sie in ihrer Muttersprache an und öffnete die Bibel, die sie so haßten. Aber dreißig Minuten lang hörten sie ihm zu. Als er schließlich wieder herauskam, ließ er drinnen eine Reihe von bekehrten Häftlingen zurück.

Der britische Offizier sagte: »Sie sind also tatsächlich zurückgekommen!«

»Ja, mir geht's gut, und ich habe ein paar wie mich da drin zurückgelassen.«

Gottes Leute, die durch die Innewohnung des Heiligen Geistes in der Macht von Golgatha leben, sind in gewisser Hinsicht unwiderstehlich, sei es im Tode oder im Leben. Aufgrund dessen, was Jesus am Kreuz getan hat, ist eine neue Kraft in der Menschheit am Werk. Sie ermöglicht es, Menschen und Dinge mit neuen Augen zu sehen.

In den Ländern Ruanda und Burundi brachen in den 60er Jahren Stammeskriege und Massaker aus. Ich erinnere mich an einen meiner Brüder in Christus in Burundi, der vor einer Gruppe von Soldaten stand, die ihn erschießen wollten, und zwar einfach deshalb, weil er zu dem Stamm gehörte, der von der gerade an der Macht befindlichen Regierung gehaßt wurde. Ich kannte ihn persönlich.

Er sagte zu den Männern des Erschießungskommandos: »Darf ich, bevor ihr mich tötet, noch etwas sagen?«

»Sag's, aber dalli!«

»Erstens«, sagte er, »liebe ich euch. Zweitens liebe ich mein Land. Drittens möchte ich ein Lied singen.« In ihrer Muttersprache sang er alle vier Verse des Liedes: »Aus meinen Fesseln, Sorgen und Nacht, Jesus, ich komm! Jesus, ich komm!«

Als er fertig war, erschossen sie ihn. Aber er ist nicht gestorben, er redet immer noch. Eine der Botschaften, die von Land zu Land weitergetragen werden, lautet: »Der Tod bedeutet nicht Niederlage. Er bedeutet glorreiche Ankunft, und wir sind alle unterwegs zur selben Herrlichkeit.« Eine andere Botschaft ist: »Unsere einzige Waffe ist die Liebe.«

In Uganda kursierte in den 70er Jahren, als Idi Amin und seine Gefolgsleute wahrscheinlich eine halbe Million Ugander ermordeten, das Sprichwort: »Wir leben heute und sind morgen schon nicht mehr.«

Wir lernten, daß, wenn der Herr Jesus der Mittelpunkt des Lebens ist, selbst ein Leben in Gefahr befreiend sein kann. Man ist nämlich z.B. nicht mehr Gefangener seiner eigenen Sicherheit, weil es solche Sicherheit nicht gibt. Wenn also die Menschen nach einer Sicherheit suchten, so konnte sie nur in Gott verwurzelt sein.

Während wir Zeugnis davon ablegten, daß Jesus für uns Geborgenheit bedeutete, kamen viele Leute, die Heiden gewesen waren oder am Rande des Christentums gestanden hatten, in die Kirche oder zu einzelnen und fragten ernst: »Wie kann man sich auf den Tod vorbereiten?« Im ganzen Land waren die Kirchen voll mit Gemeindegliedern und Suchenden. Das paßte Präsident Amin überhaupt nicht, hatte er doch Libyen und anderen arabischen Ländern fest versprochen, daß Uganda bald ein islamisches Land sein würde (tatsächlich sind etwa 80 % der Bevölkerung Christen).

Unter dem Druck der Verfolgung versammelte man sich häufig still und unbeobachtet in Privathäusern. Wir baten den Herrn, uns zu zeigen, wie wir in unserer Lage am besten seine Herrlichkeit – sein strahlendes Wesen – demonstrieren könnten.

Als wir darüber meditierten, wurde uns klar, daß die Kirche aus den Leiden unseres Herrn Jesus Christus geboren war. Er mußte leiden, weil er als die Wahrheit und das Licht in eine Welt der Lüge und der Finsternis kam. Vertreter dieser Finsternis und Unwahrheit, die sein Licht und seine Wahrheit haßten, griffen ihn an und kreuzigten ihn schließlich. Deshalb droht uns, die wir aus ihm geboren sind, stets Verfolgung, denn schließlich hat er uns selbst gesagt: »Wo ich bin, da soll mein Diener auch sein« (Johannes 12,26). Dies mag an einem Kreuz sein. Er sagte: »Die Welt wird euch bedrängen. Aber seid getrost! Ich habe die Welt überwunden« (Johannes 16,33).

Wenn wir da stehen, wo unser Herr in dieser Welt gestanden hat, und sein Licht und seine Wahrheit repräsentieren, dann bilden wir für die Finsternis eine Herausforderung und Bedrohung. Man wird uns vermutlich hassen und eine »subversive Gemeinschaft« nennen. Das passierte uns in Uganda.

Durch die Heilige Schrift wurde uns klar, daß unser Widerstand darin bestehen müßte, das Böse mit Gutem zu überwinden (Römer 12,21). Dazu gehörte es, bei nichts mitzumachen, was einem Menschen seine Menschenwürde nimmt; aber wir betonten noch einmal ausdrücklich, daß wir niemals Gewalt anwenden oder Waffen in die Hand nehmen dürften.

Deshalb wußten wir natürlich, daß die Anklagen gegen unseren geliebten Bruder, Erzbischof Janani Luwum, er hätte Waffen für einen Aufstand versteckt, nicht der Wahrheit entsprachen und konstruiert worden waren, um seine Ermordung zu rechtfertigen.

Die Verhaftung des Erzbischofs und die Nachricht von seinem Tod waren ein Schlag des Feindes, der uns vernichten sollte. Das war am 16. Februar 1975. Tatsächlich aber erwies sich das Ganze für Idi Amin als Bumerang. Dadurch verlor er weiter an Ansehen in der Welt, und es war, wie wir heute wissen, der Anfang seines Endes.

Der Effekt für uns läßt sich wohl kaum besser ausdrücken, als es die alte Dame tat, die die Kathedrale mit Blumen schmückte, während mehrere trauernde Bischöfe die letzten Vorbereitungen für den Gedenkgottesdienst für Erzbischof Luwum trafen. Sie sagte zu ihnen: »Das wird uns zwanzigfach vorwärtsbringen, nicht wahr?« Und das tat es tatsächlich.

Mehr als viertausend Leute marschierten furchtlos an Idi Amins Wächtern vorbei und füllten die St. Paul's Kathedrale in Kampala am 20. Februar bis zum Bersten. Mehrmals sangen sie das »Märtyrerlied«, das 1885 von den jungen Märtyrern Ugandas gesungen worden war. Diese jungen Burschen hatten erst vor kurzem den Herrn kennengelernt, aber sie liebten ihn so sehr, daß sie das Böse verweigern konnten, was König Muanga von ihnen verlangte. Sie starben in den Flammen und sangen: »Ach, wenn ich Flügel hätte wie die Engel, dann würde ich fliegen, um beim Herrn zu sein.« Sie bekamen Flügel, und der Gesang dieser Tausende beim Gedenkgottesdienst hatte auch Flügel.

Wir können nicht abschätzen, welchen neuen Impuls das Martyrium Erzbischofs Luwums dem Leib Christi geschenkt hat. Im Himmel werden wir es erfahren. Nach dem Gottesdienst in der Kathedrale versammelte sich die Menge draußen um den kleinen Friedhof, wo ein Grab für Janani neben dem Grab von Bischof Hannington ausgehoben worden war, dem ersten Bischof für Zentralafrika, der von England zu der jungen Kirche in Uganda geschickt worden war. Er war im selben Jahr wie die jungen Burschen von demselben König ermordet worden.

Das Grab unseres Erzbischofs war leer, weil man uns die Leiche unseres Kirchenführers verweigert hatte. Soldaten hatten ihn weit nach Norden zu seinem eigenen Dorf Kitgum gebracht und dort begraben, um Amin vor der peinlichen Entdeckung zu bewahren, daß Janani durch Kugeln ums Leben gekommen war und nicht bei einem Autounfall, wie die offizielle Version lautete. Am offenen Grab zitierte der frühere Erzbischof Erica Sabiti die Worte der Engel am leeren Grab Jesu: »Er ist nicht hier, er ist auferstanden!« Sogleich brach das Zionslied mit einer solchen Kraft los, daß das »Glory, Glory, Hallelujah« von jenem Hügel bis weit in die Stadt hinein zu hören war.

Jesu Tod am Kreuz war der Höhepunkt des Sieges, nicht die Niederlage. Seine Auferstehung war der Beweis und das Siegel dieses Sieges. Der Welt mag der Tod eines Märtyrers als Tragödie erscheinen, aber wir betrachteten unseren Erzbischof als einen Zeugen, in dessen Leben das Kreuz neue Wirklichkeit geworden war. Unsere jüngste Tochter war bei diesem Gedenkgottesdienst dabei und berichtete uns alles. Mera und ich waren nicht da.

Wir waren auf dringende Bitte vieler Christen in Kampala am Samstag zu unserem Haus in Kabale zurückgekehrt. Mehrere Leute in hohen Regierungsämtern hatten gewarnt, daß ich nun ganz oben auf Amins Todesliste stände.

Als wir zu Hause ankamen, sagte man uns, Amins Männer seien

an diesem Tag schon dreimal dagewesen und hätten nach mir gesucht. Unsere Brüder und Schwestern ließen uns nicht einmal irgend etwas ein- oder auspacken, sondern drängten uns, so wie wir waren, noch in der gleichen Nacht über die Grenze zu fliehen. »Der Tod *eines* Bischofs in dieser Woche reicht uns«, sagten sie.

Gott leitete sie ganz augenscheinlich, als sie unsere Flucht organisierten. Ein junges Ehepaar, das uns sehr nahe steht, ließ seine fünf kleinen Kinder zu Hause und fuhr uns im Landrover über Schleichwege zu den Bergen an der Grenze. Wir verloren in der Dunkelheit den Weg. Studenlang wanderten wir über einen Pfad, der an einem tiefen See vorbeiführte. Mehrmals fielen wir fast ins Wasser, aber diese Zeit war keine verlorene Zeit, denn als wir endlich wieder die Hauptstraße erreicht hatten, war die Straßensperre an der Brücke für die Nacht aufgehoben worden.

In einem Bergdorf sorgten dann ein paar Leute, die leise geweckt wurden, weiter für uns. Wir bekamen einen Führer für den Bergpfad und jemanden, der uns mit dem Gepäck half. Gott gab Mera die Kraft, langsam, aber stetig weiterzuwandern, obwohl sie von einer Bronchitis Fieber hatte und einen langen Rock trug, der sich ständig irgendwo verfing. Später erfuhren wir, daß keiner unserer Helfer von Amins Geheimagenten enttarnt wurde, nachdem unsere Flucht bekanntgeworden war. Gott hielt seine Hand über sie.

Im Morgengrauen des Sonntags, an dem Luwums Gedenkgottesdienst stattfand, feierten wir, auf einem großen Felsblock eben jenseits der Grenze in Ruanda sitzend, einen kleinen Dankgottesdienst. Beim Sonnenaufgang riefen wir uns den Vers ins Gedächtnis: »Euch aber, die ihr meinen Namen fürchtet, soll aufgehen die Sonne der Gerechtigkeit und Heil unter ihren Flügeln« (Maleachi 3,20). Wie beteten wir um diese Gerechtigkeit und dieses Heil in unserem geliebten Heimatland, aus dem wir soeben entkommen waren.

Eine leidende Kirche kann zum Segen eines Volkes werden und zur Zuflucht, wo die leidende Gesellschaft Heilung, Befreiung und Hoffnung finden kann. Dies zeigte sich in Uganda, als die Kirche noch systematischer verfolgt wurde und Hunderte von Märtyrern dem Erzbischof in den Tod folgten. Diejenigen von uns, die ins Exil geflohen waren, konnten den Tausenden von Flüchtlingen helfen, die mit nichts als ihren Kleidern auf dem Leibe aus Uganda herausströmten. Ärzte flohen direkt aus ihren Krankenhäusern, einer mitten aus einer Operation, die er nicht vollenden konnte. Meine Tochter gehörte zu den Hunderten, die von der Makerere Universität fliehen mußten, und ihre Flucht fiel mitten ins Schlußexamen.

Später sagten einige von denen, denen geholfen wurde, Arbeit zu finden oder ein Stipendium für ein College zu bekommen, der einzige Ort, an dem sie Liebe erlebt und ihre Menschenwürde wiedergefunden hätten, das sei unser kleines Büro der Afrikanischen Evangelisationsbewegung in Nairobi gewesen. Wir alle machten die überwältigende Erfahrung, daß es überall in der Welt Brüder und Schwestern gab, die für uns beteten und dann ihre Arme und ihre Brieftaschen öffneten, um die Verfolgten aufzunehmen und zu trösten. Hier ist etwas von Gottes weltweiter Familie sichtbar geworden.

Eine Lektion, die viele von uns schwer haben lernen können, hat darin bestanden, denen zu vergeben, denen man unmöglich vergeben konnte. Viele Leute haben sich an dem Titel meines kleinen Buches, »Ich liebe Idi Amin« gestoßen und mir das auch gesagt. Ich kann dann nur auf jenen ersten Karfreitag nach unserer Flucht aus Uganda hinweisen. Wir waren in England, und die Zeitungen berichteten täglich von immer schlimmeren Verfolgungen in meiner Heimat. Die sechs jungen Schauspieler, die bei der Hundertjahrfeier der Kirche von Uganda die frühen Märtyrer Ugandas hatten spielen sollen, wurden tot auf einem Feld aufgefunden, usw. usw.

Nach allem, was wir schon durchgemacht hatten, fühlte ich mich irgendwie geistlich stranguliert. Meine Bitterkeit Amin gegenüber wurde immer schlimmer, und im gleichen Maße verlor ich meine Freiheit und meine Kraft zum Dienst.

An dem besagten Tag nahm ich ganz unten in der All Souls Church in London Platz, um den Meditationen über die sieben letzten Worte Christi am Kreuz zuzuhören.

Das erste Wort wurde deutlich verlesen: »Vater, vergib ihnen; denn sie wissen nicht, was sie tun« (Lukas 23,34). Das sagte mein Herr, als ihm die schrecklichen Nägel durch die Hände getrieben wurden. Mir wurde seine erstaunliche Liebe ganz neu bewußt. Er sagte zu mir: »Du kannst Amin nicht vergeben?«

»Nein, Herr.«

»Stell dir vor, er wäre einer jener Soldaten gewesen, die mir die Nägel durch die Hände trieben. Er hätte es sein können, weißt du.«

»Ja, Herr, das könnte er.«

»Glaubst du, ich hätte gebetet: ›Vater, vergib ihnen allen, außer jenem Idi Amin‹?«

Ich schüttelte den Kopf. »Nein, Herr. Selbst er wäre in deine grenzenlose Liebe eingeschlossen gewesen.« Ich neigte meinen Kopf und bat um Vergebung. Und obwohl ich häufig wieder Buße tun und neu um Vergebung bitten mußte, bin ich an jenem Tag mit einem befreiten Herzen aufgestanden und habe in Freiheit die Golgatha-Liebe weitergeben können. Ja, aufgrund der unermeßlichen Gnade Gottes liebe ich Idi Amin tatsächlich. Ich habe ihm vergeben und bete immer noch für ihn, daß er aus dem entsetzlichen geistlichen Gefängnis herauskommen möge, in dem er sich befindet.

Wer die Wirklichkeit der Gnade erlebt hat, der kann auch voll Vertrauen die Verheißung unseres Herrn an Paulus verkünden: »Meine Gnade *ist* genug für dich, denn die Kraft erreicht ihre Vollendung in Schwachheit« (2. Korinther 12,9; Zürcher Übersetzung). Ja, Gottes Macht erweist sich dann, wenn seine Leute schwach sind. Jedes Glied seiner ihn bezeugenden Gemeinde ist nur ein zerbrechliches Tongefäß. Alle Kraft geht von Gott aus, nicht von uns selbst. Die Leute werden vergessen, wer das Zeugnis abgelegt hat; sie werden sich nur daran erinnern, was Jesus gesagt hat, und werden mit Paulus antworten: »Daher habe ich Wohlgefallen an Schwachheiten, an Mißhandlungen, an Nöten, an Verfolgungen und Ängsten um Christi willen; denn wenn ich schwach bin, dann bin ich stark« (2. Korinther 12,10; Zürcher Übersetzung).

Gottes Boten sind nicht »den Schlingen und Pfeilen des unberechenbaren Schicksals« enthoben, wie es die griechischen Kulte von ihren halbgöttlichen Helden annahmen. Im Gegenteil, gerade dadurch, daß schwache, menschliche Gefäße all den feindlichen Mächten ausgesetzt sind, die sie zerstören wollen, gerade dadurch kann der Triumph der Gnade und Macht Gottes sichtbar werden, so wie es am Kreuz Christi der Fall war. Der Zweck dieser gefährlichen Entblößung der Boten Gottes besteht darin, Leben für andere freizusetzen.

Wir lassen nicht den Mut sinken, denn wir wissen, daß »das alles geschieht, damit die überschwengliche Gnade durch die Danksagung vieler noch reicher wird zum Lobe Gottes« (2. Korinther 4,15).

In Uganda wurden trotz Amins Verfolgung die Kirchen nicht geschlossen. Sie waren weiterhin überfüllt. Die Menschen veranstalteten einen großen Zug zur Feier des hundertjährigen Geburtstages der Kirche von Uganda und trugen die Kleidung, die sie speziell für diesen Anlaß angefertigt hatten. Aber alle, mit denen ich mich unterhielt, waren sich darin einig, daß, selbst wenn alle Kirchen geschlossen worden wären, das Leben des Leibes Christi weitergegangen wäre in geheimen Gemeinschaftsversammlungen und in den Familienandachten vor Sonnenaufgang, bei denen unsere Augen auf den Herrn Jesus ausgerichtet wurden und wir uns in unseren Herzen vor seinem Kreuz beugten. Einzig und allein die Kraft seiner Auferstehung im Mittelpunkt unseres Lebens ermöglicht es uns, den Angriffen des Feindes standzuhalten.

Jesus nahm sein Leben lang den Teufel sehr ernst. Sehr oft brachte er die Werke des Bösen ans Licht, um sie zu vernichten. Er zog die ganze Feindschaft des Widersachers auf sich und vernichtete ihn schließlich um seines Volkes willen. Denn am Kreuz stellte sich Jesus der ganzen Macht des Feindes, der ihn vernichten wollte, und überwand ihn in aller Öffentlichkeit. Das ist im geistlichen Bereich nur zu bekannt. Golgatha war ein Sieg der Liebe. Jesus vergoß nur sein eigenes Blut. Er überwand das Böse mit Gutem. Die Liebe triumphierte damals, und sie triumphiert heute.

Deshalb werden wir einmal eines Tages vor dem großen himmlischen Thron stehen mit der Menge, die niemand zu zählen vermag, aus jedem Stamm und Volk und Sprache und Nation.

Vor wem werden wir stehen? Vor dem Thron des Lammes.

Und welches Lied werden wir ihm singen? »Das Lamm, das geschlachtet ist, ist würdig, Kraft und Reichtum zu empfangen, Weisheit und Stärke, Ehre, Preis und Lob« (Offenbarung 5,12).

Und der himmlische Deuter wird erklären: »Das sind die, die aus der großen Bedrängnis gekommen sind und die ihre Gewänder im Blut des Lammes gewaschen und weiß gemacht haben« (Offenbarung 7,14). – Halleluja!